行徳独立

はじめに

　『千葉県市川市に「行徳」と呼ばれる地域があります。土地の古老は「行徳は行徳であって市川でない」と言います。独自の風土と文化と歴史があるからです』[1]

　本書は行徳を分析・考察し、行徳市民に対して、行徳の市川市からの独立を提言するものです。（本書では行徳住民のことを行徳市民と表現します）

　市川市は江戸川を境に、市役所のある中心部市川市本土と、周縁部行徳の2地域から構成されています。

　市川市が旧行徳町を合併したのが昭和30年、旧南行徳町を合併したのが昭和31年ですので、行徳が市川市周縁部となって60年以上の歳月が流れています。

　市川市との合併は、工業地帯となる臨海部を得て市川市の税源を確保するために、市川市主導で行われました。旧行徳町内では賛成派反対派が紛糾し、ドタバタの合併劇でした。

　地理的、歴史的、文化的につながりが弱かった市川市との合併は、行徳市民にとっていい合併ではありませんでした。さらに残念なことに、60年以上たった現在でも、つながりが弱い状態が続いているだけでなく、市川市の周縁部になったことで、行徳市民の地域に対する関心が失われ、自治が危機的な状態に陥っています。

　行徳市民の市川市への帰属意識はかなり希薄な状態です。住民の多数を占める新市民だけでなく、先祖代々住み続けていらっしゃるコア市民も同じような状態です。その結果、冒頭の「行徳は行徳であって市川でない」という言葉が、語りつがれてきているのです。

　市川市との合併当時、地下鉄東西線はありませんでした。旧行徳町

1　鈴木和明著『行徳歴史街道2』株式会社文芸社　平成18年12月15日

江戸川西岸地域、旧南行徳町、さらに旧浦安町を加えた千葉県葛南3町は陸の孤島状態でした。

　江戸時代の行徳は天領で、江戸の塩を賄う塩田が広がり、江戸への水運、成田山への参道として栄えたのですが、往時の面影は急速に失われ寂れた街になっていたのです。

　行徳が息を吹き返したのは東西線の開通です。東西線開通の昭和44年当時、行徳の人口は3万6千人でしたが、現在はその4.5倍の16万3千人です。人口減少日本でいまだに人口増加を続け、生産年齢人口比率71.95％と、日本一若い市と言われるお隣浦安市の69.44％を上回っています。都内勤務者の割合が高いため、納税額が大きく、市川市財政のドル箱地域となっています。

　行徳は合併後60年余り、市川市に多くの実りを捧げてきました。ところが、行徳市民が市川市から受ける行政サービスは、負担と比較して低く抑えられ、不公平な状態が継続しています。

　待機児童数千葉県ワースト1位（3年連続）、全国ワースト6位の市川市の中でも、行徳は最も子育て支援の貧弱な地域となっており、解消の見込みも立っていません。待機児童問題のひどさゆえに、行徳を去っていかざるを得ない子育て世代が数多くいる状況です。

　さらに深刻な状態なのは高齢者施設です。65歳以上人口の行徳比率（本書では行徳比率＝行徳の各種数値÷市川市全体の各種数値とします）は約25％であるにもかかわらず、特別養護老人ホームが1ヶ所（市川市本土は12ヶ所）しかないように、老年対象施設の行徳比率8％という惨状が放置されています。

　図書館、公民館、博物館といったハコモノ施設も少なく、質的にも劣後しています。小学校、中学校は詰め込み状態で、教室確保すらできていない学校もあります。

　待機児童問題は、お隣浦安市と比較するとより際立ってきます。浦

安市は『共働き子育てしやすい企業＆街グランプリ 2016』[1]全国（東京を除く）部門でのグランプリ受賞自治体です。行徳と浦安市の市境は道一本を隔てているだけですが、浦安市は全国1位、行徳は全国最下位争いという格差があるのです。

「なぜこれほど浦安市と差があるのか」という疑問に対して、多くの行徳市民は「浦安には東京ディズニーランドがあるから」といった理由や「市川市は貧乏だから」といった理由で自らを納得させています。「浦安には東京ディズニーランドからの潤沢な固定資産税、法人市民税収入がある」という理由は合っていると思いますが、「市川市は貧乏だから」という理由は全く当てはまりません。市川市は全国1,718の市町村で76（4%）しかない地方交付税普通交付金の不交付団体で、財政黒字を維持している稀少な自治体です。しかも不交付団体の多くが原子力発電所、飛行場、防衛施設等ワケアリ施設が立地していたり、大企業城下町であったりと、ワケナシの自治体は数える程しかないのですが、市川市は名誉あるそのうちの一つとなっているからです。

ただ市川市の内情に目を向けると、行徳が負担する税金の大きさに対して、行徳の受ける行政サービス水準が不公平に低く抑えられていることで、市川市の不交付団体が成り立っている現実があります。

市川市本土は隣接する松戸市、船橋市、鎌ヶ谷市と同様、既に財政赤字で地方交付税交付地域となっているのですが、行徳の財政黒字による埋め合わせで、市川市全体はギリギリ黒字となり不交付団体を維持しているのです。

多くの行徳市民はその実態に気が付いてすらいない、市川市にとって非常に都合のいい市民となっています。

1　『日経DUALホームページ』「共働き子育てしやすい企業＆街グランプリ2016」https://dual.nikkei.co.jp/article/095/01/?P=3（最終閲覧2018/10/27）

行徳市民の半数は都内に通勤する千葉都民です。浦安市民の半数も都内に通勤する千葉都民です。給与は同じ都内勤務先から支払われているわけですから、マクロ的には行徳市民と浦安市民の給与水準はほぼ同じで、行徳市民の納税力は、東京ディズニーランド関連を除いた浦安市民の納税力と拮抗していると言えます。さらに行徳の生産年齢人口数、生産年齢人口比率が浦安市より大きいことを考慮すると、行徳の方が高い可能性もあります。

　改めて、そんなに高い納税力を誇る行徳市民の納めた税金は一体何に使われているのでしょうか。どこに消えているのでしょうか？という質問に対する答えは市川市本土となります。今回、市川市の財政を詳しく調査してみてはっきりしました。ただ、ここまでの状態になっているとは予想していませんでした。

　行徳の立地は市川市の周縁部です。そもそも周縁部と中心部には格差が発生するメカニズムが働くのですが、加えて行徳では政治的無関心が格差を拡大させています。過去60年間行徳出身の市川市長は一人もいません。行徳出身市議会議員数も人口比過少な状態です。政治力の弱さは、低行政サービスとなって行徳市民にダメージを与え続けており、今後格差が拡大していくのも間違いない状況です。（第7章　行徳の政治）

　行徳対市川市本土の構図は、周縁部対中心部格差で全国各地において見られる現象で、独立運動に発展している地域もあります。ただ、ほとんどのケースにおいて、周縁部の財政力・経済力が弱く、中心部に頼っている構造なので、独立したい気持ちが強くても、財政力・経済力の現実問題が立ちはだかり、運動を失速させています。

　しかしながら行徳は、財政的・経済的にも独立した方が市民にとってはメリットが大きい、と言い切れる稀有な事例で、独立すべき環境は整っていると言えるのです。

　これってスペインのカタルーニャ州と同じような話？と思われた

方もいらっしゃるでしょう。全体底上げのために富める地域の負担が過大になることは、洋の東西を問わず起きています。カタルーニャ州をはじめ世界的に見直し機運が高まっています。過大な負担をしている地域の住民が、自分たち自身のために税金を使いたい、と考え行動を起こしているのです。

　本書は「行徳独立」のタイトルの通り、市川市から独立して行徳市を作ることを第一目標とするのですが、地理的・歴史的・文化的なつながりだけでなく、今後起こりうる江戸川洪水や大地震等災害時に、一蓮托生の関係になる浦安市と合併するメリットも考えました。

　浦安市と現在の市川市との合併は、様々な要因を考えると不可能な状況です。むしろ合併しない方がいいとも言えます。しかしながら、独立後の行徳市だけとの合併ならば、双方にとってメリットがあることを第9章で述べています。

　本書は私と市民Aの対話方式で進行していきます。市民Aは行徳に10年程居住している40歳台の会社員で、平均的な行徳市民という設定です。辛口で少し口の悪い市民Aとの掛け合いで行徳について考えていきます。

もくじ

はじめに	3
第1章　行徳の地理、歴史	11
1.行徳と市川市本土の地理的つながりの弱さ	12
コラム　行徳橋	15
2.行徳の歴史	17
3.日本版カタルーニャ州	20
4.千代田市構想との比較	23
第2章　行徳の財政	27
第3章　歳入の分析	35
1.一般財源で自主財源	36
2.市民税	38
3.固定資産税・都市計画税	41
4.市税のまとめ	44
第4章　歳出の分析	47
1.歳出の行徳比率	48
2.教育費	49
3.民生費	55
4.土木費	67
5.総務費	74
6.衛生費	76
7.消防費	77
8.議会費、労働費、農林水産業費、商工費	78

第5章　財政の別視点からの分析・考察　　　79

　1.ハコモノ施設への支出状況　　　80

　2.小学校の状況　　　85

　3.減税政策　　　86

　4.生産年齢人口から見た財政　　　88

　5.親の介護対策　　　90

　6.市川市の人件費　　　92

第6章　行徳の財政力指数　　　97

　1.財政力指数　　　98

　2.行徳の予想財政力指数　　　103

　3.市川市が地方交付税不交付団体であることの是非　　105

　4.不交付団体のメリット、デメリット　　　108

　5.不交付団体のメリットを享受できる組織　　　121

　6.松戸市、船橋市の財政力指数　　　123

第7章　行徳の政治　　　127

　1.市川市議会議員選挙　　　128

　2.市川市長選挙、その他の選挙　　　133

第8章　独立（分立）の手続き　　　141

　1.独立（分立）の根拠と事例　　　142

　2.分割と分立　　　144

　3.平成の大合併　　　147

第9章　浦安市との合併　　　149

　1.地理的つながり　　　150

　2.行徳・浦安合併案の歴史　　　152

　3.災害時の状況　　　156

　4.浦安市との協働防災・復興対策　　　162

5.浦安市サイドから考える合併	163
コラム　行徳・浦安市境にあるベルリンの壁	167
第10章　行徳が独立しなかった場合の予言	173
おわりに	177

第1章

行徳の地理、歴史

1. 行徳と市川市本土の地理的つながりの弱さ

私「はじめに『行徳』とはどの地域を指すのか定義しておきます。現在行徳といわれる地域は市川市行徳管内エリアです。

　住所では河原、妙典、下妙典、下新宿、本行徳、本塩、関ヶ島、伊勢宿、富浜、末広、塩焼、宝、幸、加藤新田、高浜町、千鳥町、押切、湊、湊新田、香取、欠真間、相之川、広尾、新井、南行徳、島尻、行徳駅前、入船、日之出、福栄、新浜、塩浜です。

　歴史的には市川市本土側にある旧行徳町江戸川東岸地域も行徳と言えるのですが、本書では現在の行徳管内エリアを指すものとします。

　図表 1-1 市川市地図を詳細に見ていきましょう。市川市は南北に細長い市域を形成しています。市役所は現在建替中ですが、市川市本土の八幡にあります。地図の左下を見てください。市川市は江戸川を挟んで大きく二つの地域に分かれています。江戸川西岸が行徳で、江戸川東岸が市川市本土です。行徳と市川市本土は、江戸川を境に地理的つながりの弱い状態が継続しています。

　人口は行徳約 16 万人、市川市本土約 32 万人で 1：2 の割合です。合併直後（昭和 35 年）の人口は、行徳約 2 万人、市川市本土約 14 万人で行徳比率は約 13％だったので、行徳の伸びの大きさが分かると思います。（この伸びは市川市のおかげで実現した訳ではなく、行徳の地域ポテンシャルが高まった結果、実現したもので、現在は市川市の周縁部であることが行徳の成長を阻害しています）

図表 1-1 市川市地図

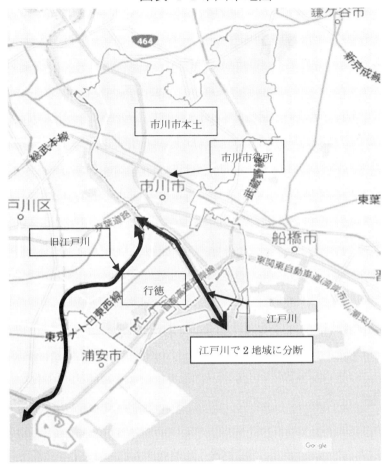

出典元：Google マップ

　首都圏交通網は東京中心に放射状に延びているので、行徳も市川市本土も東京へのアクセスはいいのですが、行徳と市川市本土間の交通網は不便な状態です。過去には行徳橋だけの時期が約半世紀も続きました。

電車では一旦市外の西船橋駅に出て、本八幡駅へは総武線、市川大野駅へは武蔵野線に乗り換えます。行徳駅から本八幡駅に行く電車代は、行徳駅から日本橋駅、大手町駅に行くよりも高くなります。

　バスは、行徳駅－本八幡駅、行徳駅－市川駅といった路線があるのですが、行徳駅－市川駅は運行本数が極端に少ない状態です。行徳と市川市本土間の交通は不便で不経済な状態です」

市民Ａ「確かに、行徳から八幡に行くのは東京に行くより不便だ。連絡の悪さは同じ市内なのかと疑うよ」

私「江戸川は東西線妙典駅を西船橋方面に向かって発車してすぐに渡ります。この川は自然の川ではありません。洪水対策目的で大正時代に人工的に開削した川です。もともとの江戸川は行徳の北西を流れ、浦安市から東京湾にそそいでおり、現在の旧江戸川にあたります。

　両地域を結ぶ橋は、湾岸部から、市川大橋、妙典橋（平成31年春頃開通予定）、新行徳橋、行徳橋の4本の橋があります」

市民Ａ「その4本はどの橋も車でないと渡りにくい。行徳橋以外は高低差が大きすぎて徒歩や自転車で気軽に行き来できないんだ。そもそも市川大橋は東京湾岸道路だから生活道路ではないし、新行徳橋も行徳橋のバイパスだ。唯一高低差のない行徳橋も歩道が狭すぎる」

私「行徳橋は現在架け替え工事が進んでいますが、こんなに古い橋をいまだに使っているなんて、どれくらい行徳が軽んじられてきたのか一つの証拠にはなりますよね」

コラム　行徳橋

私「行徳橋の車道は片側1車線で幅はギリギリです。路線バス同士橋の上での交差が難しいので、橋の両端で待ち合わせをしている場面をよく見かけます。歩道も幅が狭く、自転車に乗ったままでの交差は不可能で、どちらかが止まって道を譲らなければいけません」

市民A「自転車の交差はかったるくて仕方がない。体力を持て余している男子高校生が、特攻隊のようなスピードで横を駆け抜けていくのは危険だ。のんびりジョギングしている人もいるいるけど正直邪魔に感じる。必要最低限以外の人は使うんじゃねえ、と思うよ」

私「そうなると生活道路じゃないですよね」

市民A「今は歩道と車道の間に金網があるから、自転車が車道に落ちる危険はないけど、昔は金網さえなかったらしいぜ。事故が起こって金網を作ったらしいけどな」

私「冬の北風が強いときは、行徳橋の上では立っていられないくらいですから、金網がなかった時は怖かったでしょうね。でも、車道も結構ひどいですよ。市川市本土側から行徳に向かって橋を渡り始めて100メートルほど行った地点では、車道が明らかに左下に傾いていますからね。いつ崩れるのか心配です」

市民A「その地点の欄干もひどいよな。車道が傾いたことで欄干の高さが足りなくなって欄干の上に継足ししているところがあるだろ。笑っちゃうよな。なにこのアラの隠し方は？って。

写真 1-1 行徳橋の左下に傾いた車道と継足し欄干

写真 1-2 行徳橋の継足し欄干

それと錆びだらけ。海が近いから錆びは定期的にメンテしなきゃいけないのに、ここ数年は全くやっていないんじゃないか。欄干にはガードレールの役割もあるけど、あの錆びて朽ちた欄干じゃ何の抵抗もなく飛び出す車を見送るだけだろうな。下の河川敷じゃ少年野球や、釣りをしている人がいるから危険極まりないよ」

私「江戸川にかかる車道のある橋の中では、最も古い橋みたいですよ」

市民A「自虐的にあの欄干部分を売出せば、新観光名所になるかもね」

私「昭和の面影を残す橋として注目されていますけど、市民の命にかかわることですから安全な橋にして欲しいですね。
　行徳橋は県道で千葉県の管轄になります。平成23年に森田知事が行徳橋の架替えを表明し、現在隣接する上流側に架替え工事中です。架替えが終わるまでに重大な事故が発生しないことを祈ります」

2. 行徳の歴史

私「行徳の北側と東側は旧江戸川と江戸川に囲まれています。南側は海で東京湾、西側は陸続きで浦安市と接しています。行徳は江戸川河口の島のような地形に、浦安市とならんで位置しています。
　江戸川は人工の川と紹介しましたが、旧行徳町の陸地を開削しました。3年に一度くらいの頻度で発生していた江戸川の洪水対策として、湾曲する江戸川がもっとも東京湾に近づく旧行徳町のド真ん中をくり抜き、大正9年（1920年）に4年の歳月をかけて完成しました。
　東西に分断された旧行徳町を結ぶのは大正11年（1922年）にかけられた行徳橋があるだけでした。町を分断されたことは旧行徳町の人々を感傷的にさせたそうです。
　この江戸川開削によって地域の連たん性が失われ、その後数十年の歳月をかけてゆっくりと、しかし確実に江戸川東岸地域と江戸川西岸

地域のつながりを奪っていったと言えるでしょう。特に江戸川西岸地域の旧行徳町、旧南行徳町、旧浦安町は元々陸の孤島のような場所でしたが、江戸川の水運が寂れるとともに本当に孤島となったのです」

市民Ａ「行徳市民で江戸川が人工の河川だということを知っている人は少ないと思うよ。さらに行徳橋を渡った市川市本土側の一部も、旧行徳町であったことを知っている人はもっと少ないだろうな。そんな孤島状態から脱したのが東西線の開通だよな」

私「その通りです。約50年間に及ぶ孤島生活からの脱出となる昭和44年の東西線開通です。大手町、日本橋といった日本の中心エリアとダイレクトに結ぶ地下鉄の開業は、行徳に劇的な変化をもたらしました。
　行徳は江戸時代、明治時代を通して千葉県葛南地域の中心的な場所でした。行徳の地名も行徳、南行徳だけでなく浦安元町地域、船橋沿岸部、江戸川区東篠崎に至る広域地名でした。歴史的には市川や八幡とのつながりよりも、浦安や船橋とのつながりが強かったのです。江戸時代は製塩業が盛んで、江戸の塩を賄う天領として幕府から保護されるとともに、江戸庶民の成田参詣の街道としても賑わいました。塩を江戸城下に運ぶための水運が栄え、明治に入ってからは蒸気船の登場で一層賑わいました。
　ところがその水運が栄えたことが仇となったのです。総武鉄道の敷設拒否です。明治20年代は全国で私設鉄道が盛んに建設されたのですが、千葉県でも総武鉄道会社に明治27年（1894年）本所－佐倉間の認可がおりました。当初は本所から一直線に東へ向かって船橋に至るコースで、行徳（現在の江戸川と旧江戸川の分かれるあたり）を通る計画だったにも関わらず、鉄道が通ると水運が衰退するとして、地元有力者の反対運動が起こったのです。このとき総武鉄道会社は反対を押し切ってまで強行する必要性はなく、北に迂回して市川を通れば、国府台に駐屯する軍関係の輸送にあたることがで

き、利益が大きいと見込みました。その結果、市川を通過するという路線変更で処理されたのです。

　後にこのことについて行徳の古老は次のように語っています。『町の盛衰なんて、ほんのちょっとしたことで大きく変わるものです。あのとき、もしも行徳に鉄道が敷かれていたら、八幡や市川方面より、ずっと発展していたことでしょう。鉄道に反対したため町の発展が遅れたところは、行徳ばかりでなく全国各所にあるときいております』[1]」

市民A「このとき鉄道が通っていれば、市川市行徳ではなく、行徳市市川、行徳市八幡になっていた可能性もある訳だ」

私「さらに浦安も吸収合併して行徳市浦安となっていた可能性もあります。古老の言う通りです。その後鉄道の力が強くなり、江戸川の水運と行徳は急速に衰退していきました。さらに江戸川開削による旧行徳町分断が衰退に拍車をかけました。その衰退からの劇的な復活が東西線開通なのです」

市民A「その後、行徳の成長は大きく、日本でも有数の活力ある地域になっている。行徳市民に行徳のポテンシャルに気づいてもらい、独立して市を作ったほうがいいのではないか、ということを主張したいんだよな」

私「そうです。過去から行徳市民のあいだで都市伝説のようにくすぶり続けてきた『行徳独立』を、数字の根拠を示しつつ、正面から取り上げました」

1　小室正紀編著『地図に刻まれた歴史と景観　明治・大正・昭和　市川市・浦安市』株式会社新人物往来社　平成4年12月30日

3. 日本版カタルーニャ州

市民A「行徳の独立は、日本版カタルーニャ州だな」

（注）平成29年10月にスペインのカタルーニャ州でスペインからの独立を問う住民投票を実施。独立賛成が多数を占め、州政府はスペイン政府と対立中。

私「カタルーニャ州独立と行徳独立の動機はよく似ていると思います。2つに絞れば歴史とお金の問題なのです。

　まずは歴史的に一緒のままでいる必要性がないということです。カタルーニャ州は、987年カタルーニャ君主国建国、1479年スペイン統一でスペイン王国支配下に入り、1714年9月11日スペイン王国の攻撃でバルセロナが陥落し降伏、その後1975年フランコ将軍死去までスペイン政府から迫害の歴史を受けてきました。特に1714年9月11日は屈辱の歴史で、今でも9月11日には大イベントを実施しています。例えば9月11日のサッカーの試合で、試合開始17分14秒後にアクションを起こしたりしているそうです。

　行徳は市川市から武力的に征服された訳ではありませんが、合併は市川市の税収確保目的、市川市主導で実行されました。市川市の市川市による市川市のための合併でした。賛成反対が拮抗するなか、合併期日1週間前に旧行徳町議会が合併案を可決するなど、市川市に押し切られる形で行われたのです。

　歴史的にはカタルーニャ州も行徳も現在属しているスペイン、市川市は本意ではないと言えます」

市民A「カタルーニャ州の独立がうまくいったら、1714年基準だと300年強、1479年基準だと540年弱の歴史を覆すことになるわけだ。すごい年月だな」

私「ヨーロッパでは、スコットランドやウェールズのイギリスからの

独立、フランドル地方のベルギーからの独立とオランダへの編入、フェロー諸島のデンマークからの独立、ベネチアのあるベネト州のイタリアからの独立、さらにイタリア南北問題、コルシカ島のフランスからの独立、バスク州のスペインからの独立など多くの独立問題をかかえていますが、いずれも数百年単位での歴史を覆しに行く活動です。

　日本でも沖縄県民の中に日本国からの独立を主張する人がいますが、それにしても150年程の歴史を覆す主張でしかありません。それらと比較すると行徳の市川市編入からまだ60年強しか経っていないわけですから、まだまだ日の浅い歴史だと言えるでしょう」

市民Ａ「行徳の市川市編入からかなり長い年月が経過していると思ったけど、世界の事例を考えるとほんの60年って感じかな」

私「次にお金の問題を見ていきましょう。スペインには17の自治州があって、カタルーニャ州のスペイン中央政府への財政負担は第3位です。それに対して受益は第15位となっています。負担と受益が均衡していれば、カタルーニャ州住民もここまでエスカレートしないのでしょうが、15位じゃ怒って当然でしょうね」

市民Ａ「まあ怒って当然かな。逆に怒らないとカタルーニャ州住民はバカじゃねえか？」

私「これまで独立運動は虐げられ、差別されていた地域がアイデンティティを求めて行ってきたのですが、今は経済的に豊かな地域が、自分たちのお金を自分たち自身のために使いたい、という流れに変化してきています」

市民Ａ「沖縄は一人あたり県民所得が47都道府県で最下位争いをしているから、表立って日本国からの独立を唱えないだけで、将来沖縄が経済的に豊かになったらどうなるかな？」

私「自分たちの納めた税金を自分たちのために使えない。結果、本来受けられる行政サービスを受けられないのはいかがなものか？カタルーニャ州住民は負担ばかりで受益が少ない。行徳市民も負担ばかりで受益が少ない。だから自分たちは独立したい、独立したほうが生活は充実するということです」

市民Ａ「行徳は負担と受益のバランスが大きく崩れていて、実際市民生活に支障が出ているからな。日本国内自治体も自由な線引きをしてもいいと思うよ。行徳は不公平な扱いを受けているわけだから、行徳市民は立ち上がって当然だよ」

私「気を付けてほしいのですが、カタルーニャ州は新国家を樹立すると主張しており、それは現在のスペインの法律に対して違法行為を行うということです。だからスペイン中央政府もあらゆる圧力をかけ、大もめにもめているのですが、行徳のケースは何も日本国から独立しようとしているわけではありません。日本国の中の一地方自治体である市川市から独立して自分たちの市を作るということで、地方自治法第７条の廃置分合の『分立』で、法的に認められていることです。さらに分立については戦後70件ほどの事例が存在しているので、特に珍しいことでもなく、ごくごく普通のことなのです。(詳細は第8章)」

市民Ａ「地方自治法で定めている権利を行使するだけで、なにも日本国政府や市川市と争うという訳ではない。カタルーニャ州の首相は国家反逆罪で起訴され、ベルギーに脱出していたけど、そういう類の話じゃないわけだ」

私「地方自治法で定められていることを行使してみてはどうかということです。独立について住民投票で行徳市民の賛否を問い、賛成が多ければ市川市から独立した市を作るように活動するということです。書名を『行徳独立』としていますが、わかりやすい言葉を使っただけ

で『行徳分立』が正しいのです」

4. 千代田市構想との比較

私「千代田市構想の話をきいたことがありませんか？東京都千代田区が千代田市への変更を主張しています。このことは、千代田区が東京都特別区からの独立を主張していることと同義です。市になれば区内で発生する莫大な固定資産税等（固定資産税＋法人区民税）を自分たちのために使えるという主張ですが、行き過ぎた主張として他の特別区の反対で事実上封印された状態になっています」

市民Ａ「千代田市構想はテレビで見たことがある。千代田区が区内で徴収される固定資産税等が3,000億円を超えるにもかかわらず、特別区だからいったん東京都に召し上げられて、千代田区には70億円程しか配分されない。だから、特別区を止めて市になることで、固定資産税等全額の自主財源化を目指した運動だよな。ただ、あまりにも差額が大きすぎること、70億円の固定資産税等収入ですら人口6万人台の千代田区にとっては十分すぎる額であること、東京都特別区体制が崩壊するため棚上げ状態になっているんだよな。
　ただ、市制推進については千代田区議会でも採決され、現区長も主張しているから、当事者たちにとっては真剣で真面目な話なわけだ。でもやり過ぎだよ」

私「よくご存じですね。東京都の特別区では、固定資産税等は一旦東京都が都税として徴収し、住民数などの基準で23区に均等にいきわたるようにしているのですが、千代田区や港区はその配分方法に不満を持っています。この制約を取り除くために市への変更を真面目に考えています。現千代田区長は現在5期目なのですが、平成13年の1期目に区議会で千代田市構想を提案し、区議会も千代田市をめざす決議をするなど事態も進展していました。ところが荒川区をはじめとす

るあまり豊かでない区の猛反対を受け、さらに石原元都知事の一喝で
その後尻切れトンボのような状態に陥っています」

市民A「この構想は実現したらかなり問題があるよ。千代田区は
3,000億円もの税収をどう使うのか、というビジョンがはっきりして
いない。3,000億円も毎年入ってくると使い方困っちゃうよ。東京ディ
ズニーランドがある浦安市ですら、固定資産税収入は180億円でし
ょ。桁違いだ。浦安市でも使い方に困っているのに3,000億円もの税
金有意義に使えるのかね」

私「千代田市構想が出た平成13年ころは、人口3万人台で市の成立
要件すら満たさず、当時は東京都千代田村、千代田町になるつもりか、
と揶揄されていました。この運動は区長周辺で盛り上がっているので
すが、住民からのボトムアップで盛り上がった運動ではなかったので
広がりに欠けたのでしょうね。
　区民たちは3,000億円ものお金を自分たちで使いきれないし、世論
の反発を受けるのは間違いない。区長や区議会議員、区役所職員にそ
んな大金持たせたら、汚職の温床になりそうで危険極まりないと冷静
に判断しているのでしょう」

市民A「東京23区って自治体としては半人前のような自治体なんだ
ってな。みんなイメージだけで憧れているけど、区長選挙だって昭和
50年まで公選ではなかったし。大阪都構想に対して、大阪はどうし
てこんなに自由の利かない自治体になりたがっているのか？という
疑問が出ていたな」

私「千代田区と行徳には大きな違いがあります。千代田区はすでに十
分な財源で、区民も納得する行政サービスが確保されています。千代
田区民の意見に、今でも十分な行政サービスを受けておりこれ以上は
過剰だ、という内容が目立ちます。さらに区の財政は18年連続で公

債発行ゼロを達成しており、予算書でも非常に財政状態がいいと自画自賛している状態です。千代田市構想は過剰で使いきれない税収を千代田区にもたらすだけです。

　一方で行徳は全く異なる状態です。行徳市民の受けている行政サービスは深刻な状態にあります。待機児童問題にとどまらず高齢者施設偏在問題、障がい者施設問題、教育施設問題、ハコモノ施設偏在など多くの項目で行政サービスが低迷している状態です。必要な行政サービスを受けられていない現状を改善するために、自分たちが納めている税金を自分たちのために使わせてもらいたい。それを実現する手段として市川市から独立するという至極当たり前の主張です。

　行徳がどれくらい不公平な扱いを受けているかは後章で明らかにしますが、現在最もひどい状態に陥っている待機児童問題は、市役所窓口で聞いた話では、行徳の保育園に入るのはプラチナチケット化し、保育園に入ること自体が行徳のお母さんたちの間でステータスになるほど異常な状態になっている、ということです。受益が少ないといったレベルの問題ではなく、危機的な水準の不利益を被っている状態と言えます。よくみんな反乱を起こさず我慢しているな、と思います」

市民A「確かに。千代田区と行徳の問題は全く違うな。千代田市構想は過剰な税収の独り占めで、行徳は行政サービスのキャッチアップ目的だ。千代田市構想は濫用と言われても仕方がないけど、行徳独立は正常な状態に戻す改善だ」

私「行徳市民が本来受けて当然の行政サービスを受けられていない状態を解消するのは、今の市川市の枠組みのままでは難しいと考えます。行徳の行政サービスを充実しようとしても、喫緊の問題や課題はどうしても市川市本土に多く、行徳は後回しにされてしまうからです。

　行徳は市川市本土よりも東京寄りに位置するにもかかわらず、市内では周縁部です。日本全国を見回すと都市と合併した周縁部は、結果的に不公平な扱いを受けがちな仕組みになっています。不公平にして

やろうという悪意に満ちた意図がなくても、自然にそうなってしまうのです。この難問を解消するのは実務上難しいですし、仮に解消しようとしてもどれほどの効果が出るのか、そしてその判定方法も難しいのです」

市民A「市川市という既存の組織内でやり方を変えることは至難の業だ。そんなことは組織の常識だ。既得権益を持っている奴らの抵抗が激しい。むしろ自治体の枠組みを変えた方が速いし効果的だ。独立して行徳以外にお金が流出することを防いだ方が確実なわけだ」

私「もう一度いいます。行徳市民が、納めた税金に見合う行政サービスを受ける権利を主張することには、正当性があります。なにも納める税金以上の行政サービスを受けたい、と言っているわけではないのです。その権利を実現させるために独立した方が、速いし効果的だということです」

市民A「しかも行徳の税収の主力は個人市民税だろ。行徳市民が汗水たらして労働して稼いだ所得にかかる税だからな。権利を主張しても筋が通っている」

私「千代田区の税収の主力は固定資産税等だから、区民の労働に課されるものではありません。極端な話、区民全員が働かなくても固定資産税等で区の財政は賄えるという類の話です。これも行徳と千代田区の大きな違いといえます」

第 2 章

行徳の財政

私「市川市財政の歳入・歳出各項目について、行徳と市川市本土に分割していきたいと思います。言い換えれば行徳比率を算出していくということです」

市民A「行徳と市川市本土は地理的な分離がはっきりしているから、やりやすかったんじゃない?」

私「江戸川を境に分かれているので、人口関係の資料は分割がしやすかったです。一方で、行徳比率を直接的に求められる資料が少なくて苦労しました。市役所は行徳が市川市本土から独立することを前提とした資料を作っていないので、仕方がないのですが。
　まず、最初に重要な指標についてお話します。15歳〜64歳の生産年齢人口比率に注目してください。行徳は71.95%と70%を上回っていますが、市川市本土は70%を下回る状態が既に10年以上も続き、現状64.62%で行徳とは7%超の差が発生しています。
　さらに行徳の生産年齢人口比率は、浦安市よりも高い事実も見逃せません。浦安市は日本一住民の年齢構成が若い市と言われており、生産年齢人口比率69.44%と、70%を割り込んではいるものの高い水準を維持しています。行徳は浦安市よりも2.5%以上高く、行徳が独立した市であればダントツで日本一若い市となります。

図表 2-1 市川市年齢別人口構成（平成 28 年 10 月）

単位：人

	15歳未満	構成比	15歳～64歳	構成比	65歳以上	構成比	合計
行徳	20,936	12.88%	116,991	71.95%	24,678	15.18%	162,605
本庁	33,546	12.01%	181,850	65.09%	64,006	22.91%	279,402
大柏	4,861	12.61%	23,619	61.25%	10,083	26.15%	38,563
市川市本土合計	38,407	12.08%	205,469	64.62%	74,089	23.30%	317,965
市川市全体	59,343	12.35%	322,460	67.10%	98,767	20.55%	480,570

	15歳未満	構成比	15歳～64歳	構成比	65歳以上	構成比	合計
浦安市	23,695	14.26%	115,352	69.44%	27,069	16.30%	166,116

　生産年齢人口比率が重要なのは、自治体の財政状態を表すために算出する財政力指数、基準財政需要額、基準財政収入額に大きな影響を与えるからです。千葉県内の首都圏近郊に立地する、市川市、浦安市、松戸市、船橋市、習志野市、柏市の、財政と生産年齢人口比率の関係を見てみると、生産年齢人口比率 60％台後半付近が財政黒字と財政赤字の分かれ目になっています。

　生産年齢人口比率以外の重要な指標として、人口の行徳比率 33.84％（行徳 162,605 人÷市川市 480,570 人）と、面積の行徳比率 21.95％（行徳 12.61 平方キロメートル÷市川市全体 57.45 平方キロメートル）を覚えておいてください」

市民Ａ「生産年齢人口比率と人口、面積の行徳比率が今後重要な指標になるというわけだな」

私「それでは、歳入と歳出の行徳比率について説明します。歳入の行徳比率は 38.43％～40.25％で歳出の行徳比率は 29.78％となりました。算出過程など詳細は第 3 章、第 4 章で説明していきます」

市民Ａ「歳入負担の行徳比率が4割前後あるにもかかわらず、歳出受益の行徳比率が3割未満に止まるということだ」

私「負担と受益のミスマッチは最大で10%を超えています」

市民Ａ「なーんだ、10%程度か？という第一印象を持つ人もいると思うけどこの差が大きいということを言いたいわけだよね」

私「その通りです。そもそもほとんどの自治体は財政赤字で地方交付税交付金の交付をうけており、受益が負担より大きい状態です。そんな中で行徳は負担が受益より大きい状態で、しかも行徳比率ベースでの格差が10%もあるということです」

市民Ａ「市川市予算の一般財源部分（平成28年度予算、公債費を除く）は840億円なので10%は84億円ということだ」

私「概算で歳入の行徳比率を40%とすると336億円、歳出の行徳比率を30%として252億円です。その差84億円を行徳は市川市本土に流出させているということです。
　第6章で行徳の財政力指数を算出していますが、行徳の基準財政収入額は247億円〜259億円、基準財政需要額は194億円と見積もっています。53億円〜65億円の黒字となり整合性も取れます。（基準財政収入額、基準財政需要額は、財政力指数を算出するために全国一律の基準で出された数値ですので、実際の歳入、歳出額とは異なりますが相関性が高い数値です）
　この金額は国家財政の100兆円クラスの予算から見ると、微々たる数値のように感じるかもしれませんが、市町村財政においては非常に大きな金額なのです。この差が高い行政サービスと並以下の行政サービスを分けるのです」

市民Ａ「確かに 336 億円は 252 億円の 1.33 倍で、歳入すべてを行徳のために使うことができたら、歳出は 1.33 倍増やせるということだからな」

私「単年度で 84 億円流出させるということは、10 年で 840 億円になるということです。10 年なんてあっという間で、その間に 840 億円の流出を放置し続けることは、大きな問題です。今後、行徳と市川市本土の生産年齢人口比率の差が大きくなると、年間 84 億円以上に拡大していく可能性も十分考えられます」

市民Ａ「市川市の予想では、平成 42 年（2030 年）の市川市本土の生産年齢人口比率は 50% 台後半の地域が多くなるのに対して、行徳は 65% 程度を維持できる予想だしな。流出額が拡大していく可能性は大きいよ」

私「行徳も自然体に任せていたら生産年齢人口比率が下落するので、維持するために、住民属性に合わせた政策をとらなければいけません。現在の市川市では政策が後追いで、行徳市民に合った政策をとれていません。
　参考までに年間 84 億円の重さを考えてみたいと思います。今、一番問題になっている待機児童問題でお話しします。行徳だけでなく市川市全体の認可保育園運営経費は 118 億円（平成 28 年度）になるのですが、うち市川市の負担は約 70 億円です。残りは国、県、利用者の負担となります」

市民Ａ「ということは、今の市川市全体と同じ数の認可保育園を新たに作ってもおつりがくるレベルの金額だ」

私「ざっくり言うと、そういうことになります」

市民Ａ「まあ、待機児童問題解消だけに使うわけではないけど、84億円ってそれくらいのインパクトがあるわけだ」

私「第6章で行徳の財政力指数は、1.27～1.33と試算しました。1.52の浦安市、1.49の武蔵野市に次いで首都圏都市第3位の財政力を持ち得る実力です」

市民Ａ「第3位はすごいな」

私「首都圏第3位だけでなく、ワケアリ自治体を除いた基準で見ると、浦安市、武蔵野市に次ぐ全国第3位にもなるのです。（浦安市を東京ディズニーランドの観光型ワケアリ自治体とみなせば第2位に繰り上がります）」

市民Ａ「行徳市民は自信もっていいぞ」

私「ただ、浦安市、武蔵野市との差はあります。特に気になるお隣浦安市には、東京ディズニーランドだけでなく納税力の高い市民の条件が揃っており、かなりの差になっています。
　浦安市、武蔵野市の行政サービスは、市民ニーズに対して先手先手で対策を打っていることもあり、評判がいいです。中にはそこまでやるのかという政策もあります。行徳はお隣浦安市の行政サービスが目に入ってくるので、比較してしまうのですが、市川市のような後追いでは市民は満足よりも不満を持ちます。先手打とうが後手に回ろうがかかる費用はあまり変わりませんし、後手に回るとかえって高くつくときもあります。市民が潜在的に持っているニーズに先回りして応えてくれるのと、陳情を繰り返してやっと応えてくれるのでは満足度は全く違います」

市民Ａ「市民満足度は財政力の影響が大きいのだろうな。先手打とう

にも金が用意できないと、ない袖は振れないからな。加えて行政の感度の差だ。先手を打つ文化がないから先手を打たない。確実性、安定性をある程度犠牲にする面もあるので、どうしてもやれとは言えないけどね」

私「第6章に詳細を書いていますが、市川市のような財政力指数1を少し上回るギリギリ黒字自治体が財政的には一番きついのです。おかしな話ですが、赤字自治体のほうが国からの補填がある分、財政は安定します。だから財政力指数1ギリギリで、黒字運営に固執しすぎると、先手を打つことができずに市民の満足度は悪化することになります。

　行徳は独立したら、余裕度の大きい黒字状態になるので、先手が打てるようになります。行政の感度も凝り固まっている市川市よりかいい状態になると期待できます」

第3章

歳入の分析

第 3 章～第 4 章で、平成 28 年度市川市予算書をベースに、歳入、歳出の各項目について行徳比率を算出していきます。

1. 一般財源で自主財源

私「まずは歳入からです。歳入の行徳比率は 38.43％～40.25％になります。

　市町村の歳入は、資金使途が特定されず自ら決定できる一般財源と、資金使途が特定される特定財源に分かれます。さらに自治体自らが調達する自主財源と、国庫支出金、県支出金、地方交付税交付金等国や千葉県に財源を頼る依存財源に分かれます。歳入は（一般財源と特定財源）（自主財源と依存財源）のマトリクスで分類されるということです」

図表 3-1 財源マトリクス

	一般財源	特定財源
自主財源	**一般財源で自主財源**	特定財源で自主財源
依存財源	一般財源で依存財源	特定財源で依存財源

市民Ａ「なんかややこしいな」

私「これが自治体財政を分かりにくくしている原因の一つですが、この中で大事なのが『一般財源で自主財源』です。一般財源は図表 3-2 の通りなのですが、自主財源部分が重要だということです。

　市川市の場合、自主財源の 94％を占める市民税（個人、法人合算）、固定資産税、都市計画税が特に重要で、この 3 税小計の行徳比率は 38.72％～40.65％と、より大きい数値になります」

36

図表 3-2 一般財源項目

自主財源	**個人市民税**
自主財源	**法人市民税**
自主財源	**固定資産税**
自主財源	**都市計画税**
自主財源	**事業所税**
自主財源	**軽自動車税**
自主財源	**市たばこ税**
依存財源	地方譲与税
依存財源	利子割交付金
依存財源	配当割交付金
依存財源	株式等譲渡所得割交付金
依存財源	地方消費税交付金
依存財源	自動車取得税交付金
依存財源	地方特例交付金
依存財源	地方交付税

2. 市民税

私「トップバッターは市民税です。いきなり主役の登場です。市民税には個人市民税と法人市民税があるのですが、特に重要なのは個人市民税です。

　個人市民税納税額の行徳比率を市川市財政部市民税課に問い合わせたところ、そのような資料はないとの回答でした。算出できるような資料も存在していないそうです。そこで近隣市の状況から算出することにしました。

　個人市民税の行徳市民納税額は 156.5 億円～171 億円で、行徳比率は 42.38％～46.31％となりました。（行徳市民は市川市全体の個人市民税の 42.38％～46.31％を負担しているということです）以下が算出過程です。

（1）一人当たり個人市民税所得割額を周辺市と比較するアプローチ

①図表 3-3 の人口、生産年齢人口数、生産年齢人口比率を見てください。行徳と浦安市は人口 16 万人台、生産年齢人口 11 万 5 千人強とよく似た数値です。生産年齢人口比率は 71.95％、浦安市が 69.44％で、63％～64％台の市川本土、松戸市、船橋市等と比較して高い数値となっています。

②都内通勤率については市川市全体では 47.83％です。行徳単独の数値を市役所に問い合わせましたが、『ない』という回答でした。そこで浦安市の都内通勤率 49.5％を基準にしました。都心からの距離がほぼ同距離であり、浦安市並みの都内通勤率はあると考えられるからです。

　さらに、浦安市には東京ディズニーランド、イクスピアリ、舞浜のホテル群といった有力な勤務先があり、市内通勤率が高くなることを考慮すると、行徳のほうが高くなることも十分に考えられるので、浦安市より高い 50％超と想定しました。

③行徳、浦安市民の想定勤務先は都内の企業、官庁で、高収入の市民が多いと想定されます。

④以上より、行徳の一人当たり個人市民税所得割額は浦安市の190,509 円の近似値としました。生産年齢人口、生産年齢人口比率、都内通勤率において、行徳が浦安市を上回っているので、浦安市より高い数値の可能性もあるのですが、保守的に 190,000 円を採用すると個人市民税総額は 171 憶円となります。

図表 3-3 個人市民税（平成 28 年度）

	行徳	市川市本土	市川市全体	浦安市	松戸市	船橋市
人口(人)	162,605	317,965	480,570	166,116	491,741	630,349
生産年齢人口（人）	116,991	205,469	322,460	115,352	310,479	399,484
生産年齢人口比率(%)	71.95%	64.62%	67.10%	69.44%	63.14%	63.38%
都内通勤率	50%超	30%台後半	47.8%	49.5%	37.3%	35.7%
個人市民税均等割納税義務者数（人）	89,000	163,546	252,546	85,790	264,656	308,285
個人市民税所得割納税義務者数（人）	86,953	159,784	246,737	83,817	258,569	301,194
個人市民税均等割額（円）	311,500,000	556,500,000	868,000,000	295,160,000	908,446,000	1,058,000,000
個人市民税所得割額（円）	16,521,070,000	18,919,930,000	35,441,000,000	15,967,880,000	30,263,677,000	41,386,000,000
一人当たり個人市民税所得割額（円）	**190,000**	118,409	143,639	190,509	117,043	137,406
個人市民税滞納繰越分（円）	286,499,993	331,500,007	618,000,000	340,530,000	369,366,000	634,000,000
個人市民税合計（円）	17,119,069,993	19,807,930,007	36,927,000,000	16,603,570,000	31,541,489,000	43,078,000,000

（2）松戸市、船橋市数値から市川市本土数値を算出し、行徳の数値を求めるアプローチ

　市川市本土の生産年齢人口比率は、隣接する松戸市、船橋市に近い数値であり住民属性が似ています。松戸市と船橋市の個人市民税額を市川市本土の人口（人口基準と生産年齢人口基準）に補正し、その平均値を市川市本土の個人市民税額としました。

【数式】

（松戸市、船橋市の個人市民税額）×（市川市本土の人口）÷（松戸市、船橋市の人口）

（松戸市、船橋市の個人市民税額）×（市川市本土の生産年齢人口）÷（松戸市、船橋市の生産年齢人口）を各々算出。

算出数値の平均値を求め市川市本土個人市民税額とする。

図表 3-4 松戸市・船橋市個人市民税額補正数値 （平成 28 年度）

単位：百万円

	人口基準	生産年齢人口基準
松戸市補正数値	20,395	20,874
船橋市補正数値	21,730	22,157
松戸市補正数値と船橋市補正数値の平均値	21,063	21,516

　人口基準では、市川市本土の個人市民税額は 210 億円、生産年齢人口基準では 215 億円です。この数値の平均値 212.5 億円を市川市本土の個人市民税額とします。

　市川市全体の個人市民税総額 369 億円から 212.5 億円差し引くと、行徳は 156.5 億円となります。

　以上、(1)(2)の結果から、行徳の個人市民税額は 156.5 億円～171 億円としました」

図表 3-5 市民税の行徳比率 （平成 28 年度）

単位：百万円

歳入	行徳①	市川市全体②	比率①/②
個人市民税	15,650	36,927	42.38%
法人市民税	1,121	3,314	33.84%
市民税合計	16,771	40,241	41.68%

歳入	行徳①	市川市全体②	比率①/②
個人市民税	17,100	36,927	46.31%
法人市民税	1,121	3,314	33.84%
市民税合計	18,221	40,241	45.28%

市民Ａ「個人市民税の行徳比率は 42.38％〜46.31％にもなるのか。人口の行徳比率 33.84％と比較すると行徳市民の納税力はとても高いね。驚きの結果だ」

私「法人市民税の行徳比率について、市川市役所に問い合わせたところ『資料がない』という回答でした。均等割納税が市川市内 9,990 社、所得割納税が 3,500 社に分散されていることから、人口比率を行徳比率としました。
　参考までに浦安市の法人市民税は、東京ディズニーランドのおかげで、行徳どころか市川市全体の 33 億円より 14 億円ほど多い 47 億円になっています」

市民Ａ「恐るべし、東京ディズニーランド」

3. 固定資産税・都市計画税

私「東京ディズニーランドの力を、まざまざとみせつけられるのは固定資産税ですよ。図表 3-6 を見てください。市川市全体で 285 億円、浦安市は 183 億円です。浦安市の人口は市川市の約 3 分の 1 ですが、固定資産税は約 3 分の 2 あります。ちなみに浦安市は都市計画税を徴収していません」

市民Ａ「いいなあ」

図表 3-6 固定資産税・都市計画税比較（平成 28 年度）

単位：百万円

	行徳	市川市本土	市川市全体	浦安市	松戸市	船橋市
固定資産税	10,050	18,446	28,496	18,256	23,784	35,021
都市計画税	2,277	4,132	6,409	0	4,097	7,361

私「固定資産税については、行徳は市川市全体の 35.27％を負担しています。都市計画税は 35.53％です。珍しく市役所が数値を出してきました」

図表 3-7 固定資産税‣都市計画税の行徳比率（平成 28 年度）

単位:百万円

歳入項目	行徳①	市川市全体②	行徳比率①/②
固定資産税	10,050	28,496	35.27%
都市計画税	2,277	6,409	35.53%
合計	12,327	34,905	35.32%

市民A「そりゃそうだろ。直接徴税している訳だから、資料はあるはずだよ」

私「それでも最初は『ない』と言われましたよ。市民税は所得税と一緒に源泉徴収されるから、『ない』と言われれば引き下がらざるを得ないけど、固定資産税・都市計画税は市川市が直接徴税しているし、台帳で足し上げていけば計算できないはずがない、自力で計算するので資料を見せて下さい、と言ったらようやく教えてくれました」

市民A「それはお疲れさまでした。でも、固定資産税・都市計画税だけでなく市民税についても、市内のどの地域から税収が多いのか知っていないと、タイムリーな政策を打てないだろ。だから市民が求めていることと政策がミスマッチするんだよ」

私「固定資産税・都市計画税の内訳について図表 3-8 に表しました。

42

図表 3-8 固定資産税・都市計画税の行徳比率（平成 28 年度）

単位：百万円

固定資産税内訳	行徳	市川市全体	行徳比率
土地	4,149	12,845	32.30%
建物	4,624	11,888	38.90%
償却資産	1,171	3,465	33.80%
小計	9,945	28,198	35.27%
滞納分その他	105	298	35.27%
合計	10,050	28,496	35.27%

都市計画税内訳	行徳	市川市全体	行徳比率
土地	1,224	3,789	32.30%
建物	1,035	2,567	40.30%
小計	2,258	6,356	35.53%
滞納分	19	53	35.53%
合計	2,277	6,409	35.53%

　行徳は市川市全体の土地面積の 21.95％しか占めていないにもかかわらず、土地にかかる固定資産税・都市計画税の 32.30％も納税しています。

　建物はマンションが多いので、固定資産税の 38.90％、都市計画税の 40.30％も納税しています。この税収がきちんと行徳に再投資されているのか、が大事な点です」

市民Ａ「市長選で、市川市本土の候補が本土の街区整備を公約に掲げていたな。政策的に聞こえがいいのだけど、開発には莫大な金がかかるよ。行徳から徴収した税金で、田畑が広がる市川市本土に偏った開発することには全く賛成できない。行徳で納められた税金は行徳に再投資しなきゃ、行徳の発展が阻害されてしまう」

4. 市税のまとめ

私「ここまで市税の 94％を占める市民税、固定資産税、・都市計画税の行徳比率を見てきました。予想通り行徳の納税力の高さが目立った結果になりましたね」

図表 3-9 市税の行徳比率（平成 28 年度）

単位：百万円

歳入	行徳①	市川市全体②	比率①/②
個人市民税	15,650	36,927	42.38%
法人市民税	1,121	3,314	33.84%
市民税小計	16,771	40,241	41.68%
固定資産税	10,050	28,496	35.27%
都市計画税	2,277	6,409	35.53%
市民税・固都税小計	29,098	75,146	38.72%
事業所税	519	1,533	33.84%
軽自動車税	98	291	33.84%
市たばこ税	960	2,845	33.74%
市税合計	30,675	79,815	38.43%

歳入	行徳①	市川市全体②	比率①/②
個人市民税	17,100	36,927	46.31%
法人市民税	1,121	3,314	33.84%
市民税小計	18,221	40,241	45.28%
固定資産税	10,050	28,496	35.27%
都市計画税	2,277	6,409	35.53%
市民税・固都税小計	30,548	75,146	40.65%
事業所税	519	1,533	33.84%
軽自動車税	98	291	33.84%
市たばこ税	960	2,845	33.74%
市税合計	32,125	79,815	40.25%

私「図表 3−9 は、上段で行徳の個人市民税を 156.5 億円とした場合、下段で 171 億円とした場合の、市税全体の行徳比率を表しています。市税全体で、行徳比率は 38.43％～40.25％となります。主要税収である市民税、固定資産税・都市計画税小計では、38.72％～40.65％と高くなります」

市民Ａ「市税の約 4 割を行徳が納めていることになるわけだ」

私「行徳への再投資がきちんと行われる、という条件付きですが、今後、行徳の市民税、固定資産税・都市計画税はある程度維持できると思います。一方、市川市本土は生産年齢人口比率が一層低下し、不動産価格も下落するため納税力は落ちます。結果、市税負担の行徳比率は大きくなっていくでしょう」

市民Ａ「行徳市民は、行徳の税金を市川市本土に吸い取られている現状と将来に、敏感にならないといけないな」

私「その他の市税（事業所税、軽自動車税、市たばこ税）は、人口比や年齢別人口（たばこ税は 20 歳以上人口）に合わせた配分をしました。事業所税は行徳が独立すると課税要件の人口 30 万人以上を満たさなくなるので、行徳の約 5 億円は税収になりません。市川市本土は人口 30 万人以上の要件を引続き満たすことになるので、事業所税は維持されます。税収は減少するのですが、行徳で事業を行っている法人・個人の事業所税負担がなくなります」

第4章

歳出の分析

1. 歳出の行徳比率

私「歳出の行徳比率は 29.78％となり、行徳市民に対する行政サービスがかなり低く抑えられ、市川市本土との格差が大きいことが示されました。ただこの数値も、保守的に行徳比率を引き上げるよう配慮した結果の比率です。厳格に査定すれば 20％台前半になってもおかしくない状態です（注意：歳出の行徳比率が低い＝行徳にとって不公平な状態）」

市民Ａ「基準になる人口の行徳比率 33.84％を上回っている項目が全くないんだな。子供の数が多いから教育費ぐらいは行徳が多いと思ったけどね」

図表 4-1 一般財源の歳出項目毎行徳比率（平成 28 年度）

単位:百万円

項目	行徳①	市川市全体②	比率①/②
教育費	3,244	10,722	30.26%
民生費	8,811	28,620	30.79%
土木費	2,197	9,427	23.31%
総務費	4,209	13,720	30.68%
衛生費	4,483	14,219	31.53%
消防費	1,423	5,285	26.93%
議会費	283	836	33.84%
労働費	48	141	33.84%
農林水産業費	81	322	25.16%
商工費	209	617	33.84%
歳出合計	24,988	83,909	29.78%

2. 教育費

私「教育費の話が出てきたので、まず教育費からお話します。教育費の行徳比率は 30.26％となりました。教育費は小学校費、中学校費、学校給食費、幼稚園費、社会教育費、教育総務費で構成されています。教育費は学校等施設毎のハコモノ単位で固定費が発生する項目です。行徳のように一つの学校に多くの児童生徒を詰め込んだ状態では、児童生徒一人当たりにかかるコストが下がるので、子供の数が多くても歳出は少なくなっているのです。

(1) 小学校費

　行徳比率は 31.20％となりました。市川市内に公立小学校は 39 校あるのですが、行徳には 11 校（28.21％）の設置です。

　（参考）市川市内に私立小学校は国府台女子学院、日出学園、昭和学院の 3 校があるのですが、すべて市川市本土です。行徳に私立小学校はありません。

　義務教育学校塩浜学園、妙典、行徳、塩焼、幸、新浜、南新浜、福栄、富美浜、南行徳、新井小学校の 11 校で、定員数が少ない特別な小学校である塩浜学園を除くと 26.32％と行徳比率はさらに小さくなります。

　市立小中学校の教職員は市の職員ですが、設置者負担の原則の例外で、給与は千葉県の負担となります。従って市の歳出で教員人件費はなく物件費、管理費項目で 9 割強を占めます。

　物件費は固定費が中心で学校単位毎に発生することから、行徳比率は小学校数のウエイトを 50％とし、クラス数比、人数比をそれぞれ 25％で算出しました。

図表 4-2 小学校費の行徳比率（平成 28 年度）

単位：百万円

歳出	行徳①	市川市全体②	比率①/②	浦安市
小学校費	576	1,846	31.20%	1,202

配賦基準	行徳③	市川市全体④	比率③/④	浦安市
小学校数(校) (50%)	11	39	28.21%	17
クラス数(学級) (25%)	256	765	33.46%	329
人数(人) (25%)	7,743	22,167	34.93%	9,640

　参考として浦安市の小学校数は 17 校、クラス数は 329 クラス、児童数は 9,640 人です。児童数は行徳の 1.24 倍いるのですが、小学校数は 1.55 倍設置されています。結果、一校当たりの平均児童数は行徳 704 人に対して浦安市 567 人です。浦安市の一般財源部分の予算は 1,202 百万円で行徳の 2 倍強にもなります。

(2) 中学校費

　行徳比率は 32.13％となりました。市川市内に公立中学校は 16 校あるのですが、行徳には 5 校（31.25％）の設置です。

　（参考）私立中学校は市川、国府台女子学院、日出学園、和洋国府台女子、昭和学院の 5 校があるのですが、すべて市川市本土です。行徳に私立中学校はありません。

　義務教育学校塩浜学園、妙典、第七、福栄、南行徳中学校で塩浜学園を除くと比率は 26.67％と行徳比率はさらに小さくなります。行徳比率の算出ウエイトは小学校と同じです。

　浦安市の公立中学校数は 9 校、生徒数は 4,279 人、クラス数は 133 クラスです。生徒数は行徳の 1.27 倍いるのですが、中学校数は 1.80 倍です。結果、一校当たりの平均生徒数は行徳 671 人に対して浦安市 475 人です。一般財源部分の予算は、行徳の 3 倍強もあります。

図表 4-3 中学校費の行徳比率（平成 28 年度）

単位：百万円

歳出	行徳①	市川市全体②	比率①/②	浦安市
中学校費	355	1,104	32.13%	1,089

配賦基準	行徳③	市川市全体④	比率③/④	浦安市公立	浦安市私立
中学校数（校）（50%）	5	16	31.25%	9	2
クラス数（学級）（25%）	101	316	31.96%	133	14
人数（人）（25%）	3,357	9,852	34.07%	4,279	415

(3) 学校給食費

　行徳比率は 31.88% となりました。市川市では市の職員が調理業務を行う直営方式が 9 校、外部業者への委託方式が 46 校です。

　委託方式は平成 7 年度制定の行政改革大綱、平成 10 年度の行政改革懇話会の提言により、退職者不補充の下、給食にかかる経費の抑制を図りながら、給食業務の安定的運営のため導入されました。目的は公務員が給食を作るとコスト高なので、民間委託に切り替えてコストを抑えることです。

　市川市の話ではないのですが、公務員である給食のおばさんの勤続年数が長くなると、年収 1,000 万円を超える状態だったことがありました。それはさすがに高すぎるという報道の結果、全国的に給食業務の民間委託が導入された経緯を思い出します。

　学校毎の調理室を使用するので、行徳比率は学校数のウエイトを 50%、生徒児童数のウエイトを 50% として算出しました。給食調理員は用務員等と同じく人件費は市川市の負担です。

　浦安市予算は 1,168 百万円で、行徳比 1.5 倍です。

図表 4-4　学校給食費の行徳比率（平成 28 年度）

単位：百万円

歳出	行徳①	市川市全体②	比率①/②	浦安市
学校給食費	760	2,385	31.88%	1,168

配賦基準	行徳③	市川市全体④	比率③/④
小中学校数（校）（50%）	16	55	29.09%
人数（人）（50%）	11,100	32,019	34.67%

(4) 幼稚園費

　行徳比率は 55.63% となりました。市川市内に市立幼稚園は 6 園あ
ります。行徳には 3 園（南行徳、新浜、塩焼幼稚園）で 50% です。幼
稚園費の行徳比率がすべての歳出項目のなかで最も高くなりました。

　浦安市の市立幼稚園数は 14 校、園児数は 1,527 人、クラス数は 70
クラスです。浦安市は保育園だけでなく市立幼稚園も充実しています。
幼稚園予算の一般財源は行徳の 7.21 倍です。

図表 4-5　幼稚園費の行徳比率（平成 28 年度）

単位：百万円

歳出	行徳①	市川市全体②	比率①/②	浦安市
幼稚園費	176	317	55.63%	1,269

配賦基準	行徳③	市川市全体④	比率③/④	浦安市
市立幼稚園数（園）(50%)	3	6	50.00%	14
クラス数（学級）(25%)	16	27	59.26%	70
人数（人）(25%)	515	814	63.27%	1,527

(5) 社会教育費

　行徳比率は 24.16% となりました。社会教育費は文化財、公民館、
図書館、博物館、少年自然の家といった施設運営費です。歴史的遺産
は市川市本土に指定されているものが多く、公民館、図書館、博物館
も市川市本土偏重な状況です。

　行徳比率の低さも目立つのですが、浦安市の予算は神対応レベルで
あることに驚きです。公民館費は市川市の 280 百万円に対して浦安市
は 749 百万円、図書館費は市川市の 350 百万円に対して浦安市は 647
百万円です。行徳どころか市川市全体の数値のダブルスコアです」

図表 4-6 社会教育費の行徳比率（平成 28 年度）

単位：百万円

歳出	行徳①	市川市全体②	比率①/②	浦安市
社会教育総務費	282	1,169	24.16%	-
文化財費	9	42	20.51%	37
公民館費	70	280	25.00%	749
図書館費	87	350	24.73%	647

歳出	行徳①	市川市全体②	比率①/②	浦安市
少年センター費	4	13	32.83%	10
博物館費	0	34	0.00%	223
少年自然の家費	0	41	0.00%	0
青少年育成費	185	511	36.23%	-
生涯学習センター費	0	197	0.00%	-
社会教育費合計	637	2,637	24.16%	-

配賦基準	行徳③	市川市全体④	比率③/④	浦安市
下記項目比率 (24.16%) 採用				
文化財数 (ケ所)	8	39	20.51%	24
公民館数 (ケ所)	4	16	25.00%	7
図書館数 (ケ所) (1/3)	2	6	33.33%	8
延床面積 (㎡) (1/3)	2,583	10,735	24.06%	不詳
蔵書数 (冊) (1/3)	186,366	1,108,733	16.81%	1,189,332
7歳～19歳人口 (人)	16,934	51,584	32.83%	-
本土所在				
本土所在				
放課後保育クラブ定員数 (人)	1,675	4,623	36.23%	N A
本土所在				

　（注）市川市と浦安市の社会教育費項目は一致していないものが多いので、合計額は計算していません。

(6)高等学校、大学

私「市川市の予算に直接関係ないのですが、高校、大学にも目を向けてみましょう。驚くことに行徳には高校が 1 つしかありません。千葉県立行徳高校です。大学もありません。浦安市は県立浦安高校、県立浦安南高校、私立東海大学付属浦安高校、私立東京学館浦安高校の 4 校と、明海大学、了徳寺大学、順天堂大学医療看護学部の 3 大学があります」

市民A「確か市川市って文教都市と言っていたなあ。市川市本土に千葉商科大学、和洋女子大学、昭和学院短期大学、東京経営短期大学、高校は高偏差値の市川学園をはじめ 13 校もあるのに、行徳にはわずか 1 校しかない」

私「その結果、行徳の市立中学校の生徒たちの多くは、行徳外の高校

に進学しています。一学年1,000人強もいるのに残念です。

　日本全国を見渡すと、市町村には必ず核になる高校があります。地域の中でその高校を大事にしようという伝統もあります。それが地域の一体感を生み出す源にもなっているのですが、行徳にはそれが弱いように思われます」

市民A「行徳に商業高校がないのも痛いよな。昭和44年までは辺境の寂れた街だったから仕方がないけど、結果、地元経済を支える組織力が弱い。小学校では行徳小学校が千葉県内有数の伝統校で、行徳は教育熱心な地域だったと聞いている。江戸、明治時代は教育の先進地域だったのに、どうしてこうなったのかな。16万人都市で高校1校はあまりにも少なすぎる」

私「行徳市になれば、市立高校を持つ余裕ができます。行徳高校を県立から市立に移管して、勉強・スポーツ・文化の有力校にしたいですね。『ドラゴン桜』のようなことを言っているのですが、行徳市内の中学校から優秀な生徒を集め、上位校を目指すのです。

　スポーツではどの競技にしても激戦区千葉県を勝ち抜くのは難しく、野球で甲子園に行くなんてずっと難しいと思いますが、ひょっとしたらというレベルにはなれると思うのです。市立高校へ移管と言いましたけど、行徳の有志で私立高校を作ってもいいと思います」

市民A「確かに行徳市として独立したら、なんらかの対策が打てるよ。行徳高校だけのために、県が特別な努力をしてくれるわけではないから、市立高校にして独自色を出し、教員も県立高校程異動することがないので、教員教育をしっかりやれば文武両道が可能になるかもな。別に東大何人出せとか、甲子園に出ろ、といったレベルまでは求めなくてもいい。でも、少なくとも行徳に住んでいる中学生に対して、行徳高校が有力な選択肢になるような、進学体制を作らないといけないな」

3. 民生費

私「民生費は最も大きい歳出項目で、行徳比率は 30.79％となりました。民生費は(1)社会福祉費、(2)生活保護費、(3)児童福祉費で構成されています。

(1) 社会福祉費

　主に高齢者、障がい者支援関係の歳出項目ですが、行徳比率は 24.95％です。算出基準は人口比や 65 歳以上人口比、75 歳以上人口比としました。

図表 4-7 社会福祉費の行徳比率（平成 28 年度）

単位：百万円

歳出	行徳①	市川市全体②	比率①/②	浦安市
社会福祉総務費	347	1,392	24.95%	2,123
障害者支援費	971	2,871	33.84%	1,287
高齢者支援費（後期高齢者関係）	1,406	6,722	20.92%	2,675
高齢者支援費（その他）	79	317	24.99%	
在宅支援費	16	65	24.99%	
老人福祉施設費	22	87	24.99%	256
障害者施設費	31	92	33.84%	障害者支援費
住宅管理費	13	37	35.42%	不詳
社会福祉施設建設費やまぶき園（鎌ケ谷）	12	35	33.84%	不詳
社会福祉費合計	2,898	11,618	24.95%	6,826

配慮基準	行徳③	市川市全体④	比率③/④
下記項目比率（24.95%）採用			
人口（人）	162,605	480,570	33.84%
後期高齢者（75歳以上）人口（人）	9,133	43,653	20.92%
65歳以上人口（人）	24,678	98,767	24.99%
65歳以上人口（人）	24,678	98,767	24.99%
65歳以上人口（人）	24,678	98,767	24.99%
人口（人）	162,605	480,570	33.84%
市営住宅数（戸）	684	1,931	35.42%
人口（人）	162,605	480,570	33.84%

　市川市発行の『人口から見る地区カルテ』[1] から編集した図表 4-8 を見ると、行徳の高齢化は市川市本土と比較してゆっくりと進行してい

1　『市川市ホームページ』「市川市の将来人口推計（平成 22 年度）」http://www.city.ichikawa.lg.jp/pla01/1111000231.html（最終閲覧 2018/1/27）

ます。平成 22 年度の高齢化率は南行徳地区が 10 位、行徳地区が 12 位と、市川市内 12 地区で最も高齢化が進行していない地区です。

　ここからが大事なことですが、行徳の高齢化はゆっくり進んでいても、高齢化自体は進み高齢者数も万人単位で増えていきます。行徳も高齢化率が低い今のうちからの準備が必要だということです」

図表 4-8　市川市地区別高齢化率

	地区名	平成17年	順位	平成22年	順位	平成28年	平成42年	順位
1	大柏	16.5%	7	23.8%	5	26.1%	33.9%	3
2	宮久保	16.6%	6	22.0%	7		32.5%	5
3	曽谷	18.7%	5	25.8%	1		33.1%	4
4	国分・国府台	20.1%	3	24.9%	2		35.4%	2
5	市川	20.2%	2	24.3%	3		28.6%	8
6	八幡	19.9%	4	22.7%	6	22.9%	25.8%	10
7	中山	20.7%	1	24.3%	3		31.5%	6
8	市川駅南	15.9%	8	20.7%	8		23.9%	12
9	本八幡駅南	13.0%	9	17.5%	9		28.3%	9
10	信篤	9.1%	11	14.5%	11		36.3%	1
11	行徳	7.8%	12	12.6%	12	15.2%	25.5%	11
12	南行徳	9.3%	10	14.8%	10		30.7%	7

私「行徳の高齢者施設問題は深刻です。現在、市川市の特別養護老人ホームは 13 ケ所あるのですが、行徳には 1 ケ所しかありません。

　要介護高齢者の地域密着は介護保険制度でも重要視されていますし、特別養護老人ホームが住み慣れた地域にあることは、本人だけでなく家族の負担を考えても大事なことです。行徳市民にとって市川市本土が住み慣れた地域と言えるのか？ということをきちんと認識しておかなければなりません」

市民Ａ「現在、40 歳～50 歳台の行徳市民が高齢者になったとき、市川市本土に施設があっても、行徳には整っていない状態で、作ってもらおうにも財政がひっ迫していて、予算が付かない状態に陥ってしま

ったら目も当てられないな。

　それに続く20歳〜30歳台の行徳市民は待機児童問題で苦労させられ、さらに高齢者になっても高齢者施設でまた苦労させられる可能性が高いということだ」

市民Ａ「浦安市はどういう状況？」

私「特別養護老人ホームは6ケ所あります」

市民Ａ「とすると、行徳に設置することが物理的に不可能という訳ではないわけだ。家族の負担や看取りのことを考えると、住居から近い方がいいと思うけどね」

私「市川市は、社会福祉法人や市が運営する公的施設の特別養護老人ホームだけでなく、市が事業者指定し監督を行う地域密着型サービスも、市川市本土への超偏重な施設配置になっています。高齢者数の行徳比率は24％超なのに、図表4-9の通り高齢者施設の行徳比率は15.71％です。ひどすぎる状態です。

　行徳の高齢化率が市川市本土に比べて低く推移していることから、高齢者施設が少なくても仕方がない、という言い訳が成り立つと思い込んでいるのかもしれませんが、率は低くても実数で2万4千人を超える高齢者がいらっしゃることを忘れてはいけません。

　行徳の高齢者と家族からは、特別養護老人ホームをはじめ、高齢者施設があまりにも少ないことへの、不満、不安が出ています。市川市はそのような声に応えていません」

市民Ａ「市川市役所の逃げの常套句で、勝手免罪符としている『不動産価格差』だろ。どんなに不動産価格が高くても必要なものは必要だ。行徳より地価の高い浦安市や東京都の自治体でも、必要な施設は作っている。二重基準を持つことが難しいんだろ。市川市の限界だな」

図表 4-9 高齢者施設の行徳比率[1]

単位:ケ所

	行徳	市川市全体	行徳比率
特別養護老人ホーム	1	13	7.69%
養護老人ホーム	0	1	0.00%
介護老人保健施設	0	9	0.00%
ケアハウス	1	5	20.00%
定員30人以上の介護付き有料老人ホーム	3	13	23.08%
定員29人以下の介護付き有料老人ホーム	0	1	0.00%
小規模多機能型居宅介護	1	5	20.00%
認知症対応型共同生活介護（グループホーム）	4	17	23.53%
認知症対応型通所介護（デイサービス）	1	6	16.67%
合計	11	70	15.71%

私「浦安市も行徳と同じく高齢者比率が低く推移してきました。（平成28年10月時点 浦安市の65歳以上人口比率は16.30%で、行徳は15.18%）

　浦安市も行徳同様、高齢者施設が少なかったのですが、浦安市は積極的に高齢者施設、特に特別養護老人ホームを整備しています。結果、浦安市は6ケ所の特別養護老人ホームを持つに至っており、浦安市と比較しても行徳の遅れに危機感を覚えます」

---

[1] 『市川市ホームページ』「市内の高齢者福祉施設等一覧」
http://www.city.ichikawa.lg.jp/wel01/1111000170.html#m01-3
（最終閲覧 2018/10/27）から作成

(2) 生活保護費

私「行徳比率は30.21%となりました。図表4-10で、

（市川市全体②の各数値） ＝（生活保護費の一般財源：3,738百万円）

×（歳出欄記載の生活保護を受けている年齢層別割合[1]）

（行徳①の各数値） ＝（市川市全体②の各数値）×（年齢層別人口の

行徳比率③/④）と算出しました」

図表4-10 生活保護費の行徳比率（平成28年度）

単位：百万円

歳出	行徳①	市川市全体②	比率①/②	浦安市
生活保護費（65歳以上45.5%）	425	1,701	24.99%	
生活保護費（60歳以上64歳以下10.1%）	120	378	31.89%	
生活保護費（50歳以上59歳以下12.5%）	153	467	32.78%	
生活保護費（40歳以上49歳以下10.9%）	145	407	35.48%	
生活保護費（30歳以上39歳以下5.5%）	81	206	39.41%	698
生活保護費（20歳以上29歳以下2.8%）	42	105	40.20%	
生活保護費（19歳以下12.8%）	163	475	34.35%	
生活保護費合計	1,129	3,738	30.21%	

配賦基準	行徳③	市川市全体④	比率③/④
65歳以上人口比（人）	24,678	98,767	24.99%
60歳以上64歳以下人口比（人）	7,919	24,835	31.89%
50歳以上59歳以下人口比（人）	18,962	57,850	32.78%
40歳以上49歳以下人口比（人）	29,720	83,754	35.48%
30歳以上39歳以下人口比（人）	28,882	73,287	39.41%
20歳以上29歳以下人口比（人）	25,014	62,230	40.20%
19歳以下人口比（人）	27,430	79,847	34.35%

市民A「総額で浦安市は市川市の5分の1未満で収まっているんだね。高齢者比率は浦安市より行徳が低いことを考えると、行徳の生活保護費は11.29億円よりも浦安市の6.98億円に近い数値になりそうだけどね」

---

[1] 『厚生労働省ホームページ』「生活保護制度の現状について」

https://www.mhlw.go.jp/file/05-Shingikai-12601000-

Seisakutoukatsukan-

Sanjikanshitsu_Shakaihoshoutantou/0000164401.pdf

（最終閲覧 2018/10/27）

図表 4-11 高齢者比率（平成 28 年 10 月）

単位：人

	行徳	市川市本土	市川市全体	浦安市
人口	162,605	317,965	480,570	166,116
65歳以上人口	24,678	74,089	98,767	27,069
65歳以上人口比率（％）	15.18%	23.30%	20.55%	16.30%

私「そうですね。行徳の実際の数値は、もう3〜4億円少ないかもしれませんね。行徳は浦安市同様、サラリーマンを引退した高齢者が多い地域なので、国民年金だけでなく厚生年金を受給している高齢者が多いですからね。生活保護は景気や年金制度の問題なので、一地方自治体がなんとかできるようなものでもありません。今でも75％は国、県の負担ですが、国の負担割合を100％にしてもいいのではないかという私見です」

図表 4-12 生活保護費浦安市との比較（平成 28 年度）

単位：百万円

	市川市	浦安市	市川市／浦安市（倍）
予算総額	13,647	2,617	5.21
国、県支出	9,908	1,919	5.16
市負担分一般財源	3,738	698	5.36

（3）児童福祉費

私「行徳で最大の問題となっている待機児童問題は、児童福祉費項目です。行徳比率は36.06％となりました。

　行徳は15歳未満の人口比率が高く、少子化でないとまでは言えませんがかなり子供の多い地域です。児童福祉費の行徳比率は人口比33.84％を上回ります。

　図表4-13で気になるのは浦安市との比較です。行徳と浦安市の差は26.83億円（74.66億円－47.83億円）です。この差が子育てグラ

ンプリ日本一の浦安市と、待機児童問題千葉県ワースト1位、全国ワースト6位である市川市の震源地行徳の差なのです。（市川市は平成28年4月1日に待機児童数が過去最多の514名で、千葉県ワースト1位となり、以降3年連続で千葉県ワースト1位更新中）

　でも逆に考えると、この差を埋め合わせれば行徳も浦安市と同じ日本一にキャッチアップできる可能性があるということです。26.83億円は大きな数値ですが、行徳独立後に予算手当が十分可能な金額です」

図表 4-13 児童福祉費の行徳比率（平成 28 年度）

単位：百万円

歳出	行徳①	市川市全体②	比率①/②	浦安市
市川市立保育園関連	590	2,318	25.47%	
私立保育園関連補助金	234	479	48.81%	
簡易保育園関連補助金	116	251	46.39%	－
私立幼稚園関連補助金	227	633	35.81%	
保育園関連以外	509	1,444	35.28%	
児童福祉総務費小計	1,677	5,125	32.72%	

配賦基準	行徳③	市川市全体④	比率③/④
市川市立保育園の定員(人)	610	2,395	25.47%
私立保育園の定員(人)	2,240	4,589	48.81%
簡易保育園の定員(人)	694	1,496	46.39%
3歳児～6歳児の人口(人)	5,538	15,464	35.81%
15歳未満人口(人)	20,936	59,343	35.28%

歳出	行徳①	市川市全体②	比率①/②	浦安市
児童手当	387	1,098	35.28%	
私立保育園委託料等	1,787	3,661	48.81%	
市川南保育園指定管理料	0	167	0.00%	
認定こども園指定管理料	0	207	0.00%	
施設型給付費委託料	0	68	0.00%	
子ども医療扶助費	304	862	35.28%	－
ひとり親家庭医療扶助費	6	16	35.28%	
未熟児療育医療補助費	5	12	39.54%	
児童扶養手当	235	684	34.39%	
障害児通所給付費	72	207	34.57%	
児童措置費小計	2,796	6,983	40.04%	

配賦基準	行徳③	市川市全体④	比率③/④
15歳未満人口(人)	20,936	59,343	35.28%
私立保育園の定員(人)	2,240	4,589	48.81%
本土所在			
本土所在			
真間山幼稚園、国府台文化幼稚園。			
15歳未満人口(人)	20,936	59,343	35.28%
15歳未満人口(人)	20,936	59,343	35.28%
1歳未満人口(人)	1,728	4,370	39.54%
18歳以下人口(人)	25,963	75,493	34.39%
18歳未満人口(人)	24,683	71,390	34.57%

歳出	行徳①	市川市全体②	比率①/②	浦安市
母子福祉費	2	5	34.57%	
保育園費	244	959	25.47%	
子ども発達センター費	42	112	37.66%	－
子ども館費	23	80	28.57%	
児童福祉費合計	4,783	13,264	36.06%	7,466

配賦基準	行徳③	市川市全体④	比率③/④
18歳未満人口(人)	24,683	71,390	34.57%
市川市立保育園の定員(人)	610	2,395	25.47%
5歳未満人口(人)	7,770	20,630	37.66%
子ども館の数(ケ所)	4	14	28.57%

私「ワースト 1 位を受けて市川市では待機児童対策緊急プラン[1]を策定し、定員 1,200 名の拡大を目指しました。

　弁護をするわけではないのですが、市川市全体で平成 20 年 4 月 1 日現在、認可保育園数 53 ケ所、保育児童定員 5,140 人だったのが、平成 30 年 4 月 1 日現在、認可保育園数 122 ケ所（＋69 ケ所）、保育児童定員 8,900 人（＋3,760 人）にまで増やしています。簡易保育園、保育ママと言われる数人での保育、幼稚園での預かり保育で積み上げを図っているのですが、作っても作っても追いつかない状態に陥っているのです」

市民A「確かに最近、至るところに保育園ができているような気がするな。近くの中華料理店が店を閉めて、2 階建の立派な店舗の後継テナントは何が入るのかな、と見ていたら保育園だもんな。びっくりしたよ。
10 年前と比較して、保育園の対象年齢になる 0 歳から 5 歳の人口が増えているわけではなく 10％程減ってきている。働く母親が増えたのだけど、その増加を見誤ったということだ。想定外と言いたいのだろうけど、そんないい訳は聞きたくないな。しっかりしろといいたい。市川市全体はわかったよ。行徳の状況を聞きたいな。相当ひどいのだろ」

私「その通りです。『市川市保育計画案待機児童問題解消に向けて』[2]

―――――――――――――――

[1] 『市川市ホームページ』「市川市待機児童対策緊急対応プランについて」

http://www.city.ichikawa.lg.jp/chi04/1111000038.html
（最終閲覧 2018/10/27）

[2] 『市川市ホームページ』「市川市保育計画案待機児童問題解消に向けて」http://www.city.ichikawa.lg.jp/common/000195791.pdf
（最終閲覧 2018/10/27）

には、地域別整備の考え方でこう記述されています。

　　行徳・南行徳地区：以前から待機児童が多い地域で、これまでも
　　ほぼ毎年保育園整備を進めてきていることから、今後については、
　　待機児童数の推移を見て、保育園が必要な状況になった場合には、
　　私立保育園の創設や分園の整備で対応していきます」

市民Ａ「待機児童が多い状態であることを、市川市は認めているわけ
だ。正直なことはいいことだが、やることはちゃんとやらないとな」

私「保育園には大きく３つの種類があります。①市川市立の保育園、
②認可基準を満たした私立の保育園（以上①②認可保育園）③認可基
準を満たしていない認可外の簡易保育園です。
　簡易保育園は設置基準が緩められた施設で、少人数ゆえに家庭的で、
延長保育など柔軟な対応や、駅前に立地して親の通勤利便性を確保で
きるというメリットがあります。ただ、市立のように広い園庭をもち
ゆったりとした建物ではなく、有資格保育士割合、常勤職員が少ない
という面もあります。保育料も市立と比較して割高という点も見逃せ
ません」

市民Ａ「まあ、保育士の質は資格だけで測れないものはあるし、資格
を持っていてもダメな保育士が一定割合いるのは仕方がないことだ
けど、拠り所はそこだもんな。大事な子供を預けるわけだから重要だ
ぜ。要は市立、私立認可、簡易の順番になるのは否めないわけだ」

私「市立の保育園は 22 ケ所あります。（市川市の指定管理者となって
いる社会福祉法人が運営する市川南保育園を含む）
行徳に何ケ所あるでしょうか」

市民Ａ「まさか１ケ所とかじゃねえだろうな」

私「高齢者施設と違って、さすがにそこまでひどくはありません。でも 5 ケ所しかありません。割合で見るとわずか 22.7% です。ちなみに定員数は市立保育園全体では 2,525 名なのですが、行徳の 5 つの保育園合わせて 610 名の 24.2% でしかありません」

市民A「うーん、ひどいね」

私「ちなみに 0 歳～5 歳の保育園対象になる人口の行徳比率は 37.4% を占めます。(行徳：9,150 人に対して市川市全体は 24,444 人：平成 28 年 10 月)

　参考までに、浦安市では 0 歳児～5 歳児の人口が 8,305 人に対して、市立保育園は 7 ケ所で定員 1,066 名です。浦安市は行徳と比較して、0 歳児～5 歳児の人口が 845 人少ないのに、市立保育園定員が 456 人多いのです。

　行徳の保育園は市立が少ないかわりに、私立保育園と簡易保育園でしのいでいるということです」

図表 4-14　市立保育園の行徳、浦安市比較

単位：人

	行徳	浦安市	行徳と浦安市の差
0歳～5歳人口①	9,150	8,305	845
市川市立保育園定員②	610	1,066	-456
市立保育園定員のカバー率②/①	6.7%	12.8%	-6.2%

市民A「まあ、小さい子供だから大きな園庭はいらない、市立保育園は駅から遠いので親の通勤に不便でしょ、と開き直られてしまい、それで親たちが納得できるのならいいけど。でもなあ、そんなもんじゃないような気がするな」

私「行徳の保育園は、親が東西線で通勤しているケースが多いので、駅近の保育園が便利だと思います。ただ、駅に近い物件は手狭になら

ざるを得ないし、環境的に良いとは言えません。何件か私立保育園と簡易保育園を見学してきましたが、どこも狭いですね」

市民A「狭いし東西線の高架下とかに立地しているのを見ると、子供を育てる環境としてはどうなのか、と思うよ」

私「浦安市は『共働き子育てしやすい企業&街グランプリ2016』全国部門（東京を除く）で、グランプリを受賞したことは触れました。この賞は、日経ＤＵＡＬと日本経済新聞社が共同で実施した調査で、政令指定都市、県庁所在地など全国162自治体を対象に評価し、ランキング化したものです。共働きする際に欠かせない施設（保育園など）や補助制度（お金・サービス）の充実度を重視したもので、経済的な負担の少なさや保育園の定員増などが評価ポイントとされています」

市民A「浦安市はグランプリで、道一本で隣接する行徳は、待機児童数千葉県ワースト１位市川市の震源地ではえらい差だ。元々、葛南３町の行徳、南行徳、浦安の合併案があったことを考えると、取り返しのつかない差に愕然とするよ。葛南３町合併が実現していたら、行徳市民はこんなにまで待機児童問題に苦しまなくて済んだのに。悔しいな」

私「行徳が貧しいのならまだしも、行徳は高い納税力があるのにどうしてこの惨状が生じたのでしょうか？
　市川市長、市議会議員、市川市役所、そして容認し続けてきた行徳市民はどう考えるかですよ。今後については真剣に考えなきゃいけません。少なくとも市川市に任せておいても改善は望めません」

市民A「本当に困ったことだ」

私「市川市本土も相応に待機児童解消ニーズがある。行徳ばかりに力

を入れることができない。その通りだと思うのです。

　人口の３分の２を占め、中心部である市川市本土への対応が、まず第一で周縁部の行徳に手が回っていないのが現実です。だったら無理せず、行徳を独立させた方が双方にとってメリットが大きいと思うのですが」

市民Ａ「市川市って本当にお金の使い方が下手だな。豊かさを実感できないんだよ。後追い、後追いが目立つ。行政って市川市に限らずそんなもんだよ、と開き直られたら元も子もないけど、もう少し何とかならないのか。

　お隣浦安市と比較すると、政治家、行政、市民も、浦安は東京ディズニーランドがあって財政が豊かだから、と言えば免罪符になると勘違いしている」

私「市川市は組織も公務員も疲弊、疲労しているような気がします。何か活気がなくて、批判を如何に避けるか、ばかり考えていると感じられます。窓口に出てくる公務員が過剰にビクビクしていたり、逆に開き直って無礼な対応をしたり、どうなっているのでしょうかね」

　（参考）認可保育園と簡易保育園（認可外保育施設）との違いは？[1]
　　「認可保育園」とは、施設・園庭の広さや職員の数、保育内容について国が定めた基準を満たし、児童福祉法に基づく児童福祉施設として認められた施設です。それ以外は「認可外保育施設」となり簡易保育園はこれに含まれます。

1　『市川市ホームページ』「認可保育園と簡易保育園（認可外保育施設）との違いは？」
http://www.city.ichikawa.lg.jp/wel01/1111000170.html#m01-3
（最終閲覧 2018/10/27）

認可保育園は国が定める保育指針に基づいて保育を行なっていますが、保育方針は園ごとに異なるため具体的な保育の内容も園により様々です。

　また簡易保育園は、国の基準を全て満たしているわけではありませんが、家庭的な雰囲気を生かしたり幼児教育に力を入れたりするなど、特色ある保育を実施しているところも少なくありません。

　法律により、認可保育園は公立・私立にかかわらず入園申請の受付や入園選考、所得に応じた保育料の決定や徴収を自治体が行うことになっていますが、簡易保育園は入園受付や保育料の徴収を園で行っておりますし、保育料も各園で設定しています。

4. 土木費

私「土木費は建物、道路、橋、下水道、公園、駐輪場の建設・管理で、行徳比率は 23.31% となりました。

　一般会計予算は 162 億円で、民生費、総務費、衛生費に次ぐ項目です。加えて、特別会計の下水道事業会計予算は 147 億円となっており、一般、特別会計合計で 300 億円超の規模になります。（市川市の下水道事業会計は平成 30 年度より公営企業会計に移行され、平成 30 年度の予算は 175 億円です）

　土木費各項目の行徳比率は、図表 4-15 の配賦基準で算出しました。最も金額が大きい下水道費は、汚水処理と雨水排水に分かれます。汚水処理は家庭や事業場からの汚水を下水管で集め、下水処理場で浄化して海や川に放流します。雨水排水は雨水を雨水管に取り込み、そのまま海や川に放流します。汚水処理は受益者が限定されるので、原則利用者負担（使用料）となり、雨水排水は原則税金負担です。雨水排水は面積に応じて発生するので、行徳比率は面積比で算出しました。

67

道路橋りょう費は市道延長距離比としました。行徳のように平坦地、直線、幅広道路が多い地域と、市川市本土のように坂道、カーブ、狭あい道路が多い地域とでは、単位当たり管理コストが異なってきます。そのような要因を反映したかったのですが、適用が難しいため距離比で算出しました」

図表 4-15 土木費の行徳比率（平成 28 年度）

単位：百万円

歳出	行徳①	市川市全体②	比率①/②	浦安市
建築総務費	197	583	33.84%	
建築指導費	5	16	33.84%	
土木総務費	292	1,328	21.96%	
庁舎整備費	0	897	0.00%	
土木管理費小計	494	2,824	17.50%	583
道路橋りょう費	476	953	49.93%	1,051
河川費	88	403	21.96%	154
都市計画総務費	276	1,257	21.96%	
都市整備費	53	241	21.96%	
街路事業費	64	128	49.93%	
下水道費	485	2,208	21.96%	3,433
公園費	252	1,150	21.96%	
大町動植物公園費	0	223	0.00%	
その他	9	40	21.96%	
土木費合計	2,197	9,427	23.31%	4,638

配賦基準	行徳③	市川市全体④	比率③/④
人口（人）	162,605	480,570	33.84%
人口（人）	162,605	480,570	33.84%
面積比	12.61	57.45	21.96%
新庁舎建築関係	162,605	480,570	33.84%
市道延長（km）	363	727	49.93%
面積（km）	12.61	57.45	21.96%
面積（km）	12.61	57.45	21.96%
面積（km）	12.61	57.45	21.96%
市道延長（km）	363	727	49.93%
面積（km）	12.61	57.45	21.96%
面積（km）	12.61	57.45	21.96%
面積（km）	12.61	57.45	21.96%

(1) 下水道費

私「先ほど触れた下水道費ですが、もう少し深堀りしてみます。下水道は地下に埋設されており、普段は目立たない存在ですが、東日本大震災、熊本地震等災害時の困ったこと上位に、下水道停止によるトイレ等の使用不可がくるように、非常時にありがたさを痛感するものです」

市民Ａ「目立たない存在だけど、本当に重要だな」

私「市川市の下水道事業については、『市川市下水道中期ビジョン平成 26 年度〜平成 37 年度』[1]に詳細が記載されています。この資料は市川市が発行する資料の中で、かなり気合の入ったいい資料です。市川市ホームページからも取得できるので一度目を通されることをお勧めします。
同書では市川市の下水道の課題を、
　①下水道施設老朽化対策
　②下水道普及率の改善
　としています。

① 　下水道施設老朽化対策
　下水道施設老朽化対策は菅野処理区の施設老朽化に代表されるように、市内でも先行して下水道整備がなされた市川市本土の施設改修の優先度が高くなっています。昭和 30 年〜40 年代に布設された 50 年超の施設が対象です。
　行徳は昭和 54 年から整備着手されており、市川市本土先行地域（市川や八幡）と比較すると 10 年〜20 年程新しい設備ですが、それでも 40 年近く経過しています。国土交通省調べで、布設経過年数 30 年超の下水道は支障をきたす危険性が増すため、安心はできません。
　また行徳には柵渠（さっきょ）水路の上に蓋（ふた）をつけて、蓋かけ歩道としている箇所が 58 キロメートルもあるのですが、ほとんどが 40 年以上経過しています。老朽化が激しく改修のスピードが追い付いていません。放置していると歩行者が陥没に巻き込まれ、重大事故が発生する可能性もあります。行徳の新浜通り（にいはまどおり）

1 　『市川市ホームページ』「市川市下水道中期ビジョン平成 26 年度〜平成 37 年度」
http://www.city.ichikawa.lg.jp/common/000176856.pdf （最終閲覧 2018/10/27）

は、浦安市に入ると大三角線（おおさんかくせん）に名前を変えるのですが、蓋かけ歩道部分も浦安市に入ると立派なものに変わります。浦安市と比較すると行徳の改修の遅れが目立ちます。

　続いて②下水道普及率の改善についてです。

　行徳の下水道普及率は高く、臨海部の市街化調整区域、塩浜の工業専用地域を除く住宅地域で、ほぼ100％の整備率です。浦安市も99.7％と高いレベルです。行徳は計画的に街作りを行い、市域が狭いこともあり下水道整備が進みました。一方、市川市全体の下水道処理普及率は平成24年度の数値で69.8％と全国、千葉県、近隣市と比較しても低い数値になっています。（平成27年度末には71.9％に改善しています）

図表 4-16　平成 24 年度下水道処理普及率

単位：％

(%)

市川市	全国	千葉県	千葉市	船橋市	松戸市	習志野市	浦安市
69.8	76.3	70.7	97.2	76.9	82.4	89.0	99.7

　今後は市川市本土北部地域を重点的に整備していく計画ですが、田園風景が広がり、市川市の中でも真っ先に人口減少→過疎化が進んでいる地域でもあります。

　『市川市下水道中期ビジョン平成26年度～平成37年度』では、『人口減少期の中で下水道事業の自律的な経営を継続するための方向性を見出さなければならない』と提言しています。

　下水道布設にはお金がかかります。行徳のように人口密度の高い地域では使用料収入でペイできるのですが、北部地域のように人口密度が低く、坂道、カーブ、狭あい道路が多く、投資コストが高い地域での採算は厳しいと言わざるをえません。使用料収入だけで回収できないということは、一般財源からの繰入で賄う、または市川市全体の下

水道使用料を引き上げることになります」

市民Ａ「人口減少が進む地域に、下水道を新規布設することは、税金負担が増える、または下水道使用料が高くなるということだ。加えて市川市本土の下水道整備ばかりに予算をとられてしまうと、行徳の下水道が経年劣化しても更新が遅れる可能性があるということだ」

(2) 無電柱化

私「市川市ホームページの『市川市民の意見箱』[1]に以下のような意見がありました。（平成 30 年 4 月 19 日公開）

『電線の地中化と蓋かけ歩道の改修について』

美しい景観のまちを目指すために電線の地中化を急ぐべきです。それに伴い歩道の整備も必要だと思います。行徳周辺の蓋かけ歩道が老朽化しているようですが、電線を地中化してアスファルト舗装の歩道にすれば車椅子の走行も楽になりバリアフリー化できます。

（回答・市の考え方）無電柱化は、防災性、交通の安全・円滑化、景観の向上など、高い効果がありますが、多額の費用を要すること、地上機器の設置調整や工事に長い時間を要すること、地域の合意形成が難しいことなど、多くの課題があります。そのため、新たな街づくりや、新規の道路計画、都市計画道路の整備の際に、地元の意向を確認して検討してまいります。

なお、無電柱化推進法や道路法の改正などにより、今後、調査研究、技術開発等により低コスト化も進むものと考えますの

1　『市川市ホームページ』「市川市民の意見箱」
https://faq.city.ichikawa.lg.jp/faq/web/opinion/faq1031.html?
faqEntry.sortKey=#（最終閲覧 2018/10/27）

で、国・県の動向を注視して無電柱化の推進に取り組んでまいります。

　また、行徳周辺の蓋かけ歩道は、既設水路の上部をコンクリート製の蓋をかけて歩道として利用しているものです。アスファルト舗装の歩道とするためには、既設水路のボックスカルバート化（暗渠化）が必要となるため、ライフラインの移設などに多額の費用を要し、工事が長期化して大規模工事となることから、水路の改修工事等にあわせて進める必要があります。こうしたことから、老朽化した水路蓋については、早期に歩行者の円滑な通行を確保するため、蓋の交換により改修を進めておりますので、ご理解のほどよろしくお願いします

無電柱化と行徳の蓋かけ歩道について、どちらの問題もすぐには解決できない、という回答です。予算的に厳しい感じがしますね。

　ここで無電柱化について考えてみます。行徳は市域が狭いので、市道の無電柱化がいち早く達成できる地域です。また、災害時のリスク軽減の観点からも推し進めていきたい政策です。

　ちなみに東京都では現在無電柱化している割合が都道の 5% 程度ですが、今後積極的に推進していく方針です。小池都知事は神戸の出身で、阪神・淡路大震災のとき倒れた電柱と電線が、避難と救助の妨げになったのを見て、無電柱化を推し進めていきたいと考えているそうです」

市民A「妙典の駅前通りも無電柱化をしているけど、すっきりしているもんなあ。防災上もいいのなら積極的に推し進めて欲しいね。無電柱化は、行徳が独立していた方が達成しやすい政策の典型だな。市川市に属する限りなかなか達成できないと思う。いくら行徳に有利な政策でも、行徳だけ整備するわけにはいかない、市川市全体の整備論が出てくるわけだ。下手をすると行徳後回し論も出てくるからな」

72

私「行徳は面積 12.61 平方キロメートル、東西延長 4 km、南北延長 3 km程の狭いエリアです。区画整理が行き届き、平坦、直線、幅広道路が多いので、市川市本土と比較して工事コスト面、工期でも有利だと考えられます。もちろん、地下の目に見えない配管、配線は個別性も強いので、一概には言えませんが、仮に障害があっても対応しやすい道路です」

市民Ａ「常識的に考えてそう思う」

私「東京都の試算で、整備に 1 km当たり 5 億円かかりますが、技術革新は著しく、3 分の 1 位のコストで対応できる見込みがあるそうです。無電柱化予算を年間 5 億円捻出できたら、3 km程度整備できるわけです。ただ、市川市全体を考えると市道延長総距離は 727 kmもあるので、年間 3 kmのペースだと 242 年もかかります

　ところが行徳では道路環境がいいので、1 kmあたりの整備費を抑えられます。さらに行徳市になると、地中化整備費に回せる道路予算も増えると思います。仮に 15 億円の予算付けができたら、年間 9 km以上地中化できることになります。行徳の市道は 363 kmですから最大 40 年で完全に地中化できる可能性があるわけです」

市民Ａ「まあ、想像のつく期間内で完了するわけだ。行徳では新たに市道を造ったり、狭あい道路の拡幅をしたりすることも少ないから、無電柱化事業への予算集中度も高めることができるからな」

5. 総務費

私「総務費の行徳比率は 30.68％となりました。総務費は多岐にわたる歳出項目ですが、徴税、戸籍、選挙、統計業務は人口や世帯数で行徳比率を算出しました。源泉徴収のサラリーマン世帯が多い行徳では、徴税費が少ないと思われますが、保守的に人口比としました。また、文化財や文化施設は市川市本土に偏重しているのですが、行徳比率算出が難しい面があり、苦労しました」

市民A「それはそうだ。文化財、文化施設での行徳比率算出は難しいと思うよ。でも、あえてそれをやるのがこの本のテーマだから仕方がないよ。やってよ」

私「文化会館、市民会館等については、行徳市民がどれだけ利用しているのか不明です」

市民A「最近は小中学校の文化祭、合唱祭で文化会館を使っているけど、行徳からわざわざ行くのには結構負担感はあるしな」

私「文化会館の施設別行政コストは人件費含めて年間 5.4 億円もかかっているのですが、本当に必要な施設かどうかの検証は必要ですね。催事の内容次第だと思いますが、微妙ですしね」

市民A「行徳からわざわざ文化会館に行くより、東西線に乗って都内文化施設に行った方が便利だよね。地方都市なら文化会館のような施設が必要だけど、市川市ってどうなのかな」

図表 4-17 総務費の行徳比率（平成 28 年度）

単位：百万円

歳出	行徳①	市川市全体②	比率①/②	配賦基準	行徳③	市川市全体④	比率③/④
一般管理費	1,335	3,945	33.84%	人口（人）	162,605	480,570	33.84%
人事管理費	1,053	3,111	33.84%	人口（人）	162,605	480,570	33.84%
職員研修費	4	11	33.84%	人口（人）	162,605	480,570	33.84%
文書管理費	33	99	33.84%	人口（人）	162,605	480,570	33.84%
広報費	49	146	33.84%	人口（人）	162,605	480,570	33.84%
財産管理費	136	401	33.84%	人口（人）	162,605	480,570	33.84%
企画費	7	22	33.84%	人口（人）	162,605	480,570	33.84%
出張所費	68	202	33.84%	人口（人）	162,605	480,570	33.84%
公平委員会費	0	1	33.84%	人口（人）	162,605	480,570	33.84%
危機管理対策費	27	80	33.84%	人口（人）	162,605	480,570	33.84%
住居表示整備費	3	8	33.84%	人口（人）	162,605	480,570	33.84%
情報システム費	465	1,374	33.84%	人口（人）	162,605	480,570	33.84%
自動車管理費	26	77	33.84%	人口（人）	162,605	480,570	33.84%
地域振興費	136	403	33.84%	人口（人）	162,605	480,570	33.84%
男女共同参画費	7	21	33.84%	人口（人）	162,605	480,570	33.84%
総合市民相談費	10	30	33.84%	人口（人）	162,605	480,570	33.84%
市民会館費	0	322	0.00%	本八幡所在			
市民談話室費	3	8	33.84%	人口（人）	162,605	480,570	33.84%
文化振興費	0	808	0.00%	文化会館、水木洋子、文学ミュージアム、本土所在			
市民協働推進費	16	46	33.84%	人口（人）	162,605	480,570	33.84%
安全対策費	18	54	33.84%	人口（人）	162,605	480,570	33.84%
生活環境費	15	45	33.84%	人口（人）	162,605	480,570	33.84%
国際交流費	8	23	33.84%	人口（人）	162,605	480,570	33.84%
東山魁夷記念館費	0	56	0.00%	鬼高所在			
市川駅行政サービスセンター費	0	134	0.00%	市川駅所在			
スポーツ費	131	386	33.84%	人口（人）	162,605	480,570	33.84%
小計	3,550	11,813	30.05%				
税務総務費	206	609	33.84%	人口（人）	162,605	480,570	33.84%
賦課徴収費	75	222	33.84%	人口（人）	162,605	480,570	33.84%
小計	281	831	33.84%				
戸籍住民基本台帳費	283	795	35.57%	世帯数（戸）	83,789	235,582	35.57%
選挙費	39	115	33.84%	人口（人）	162,605	480,570	33.84%
統計調査費	13	38	33.84%	人口（人）	162,605	480,570	33.84%
監査費	43	128	33.84%	人口（人）	162,605	480,570	33.84%
総務費合計	4,209	13,720	30.68%				

75

私「東山魁夷記念館、芳澤ガーデンギャラリー、木内ギャラリー、水木洋子邸、文学ミュージアムはすべて市川市本土にあります。東山魁夷記念館は物件費だけだと年間5千万円ですが、人件費を含めた経常業務経費は1億6千万円もかかっています。使用料収入が2千万円あるので差引いても1億4千万円の赤字です。芳澤ギャラリーは年間4千万円、木内ギャラリーは年間1千2百万円の経常経費がかかっています。そもそもこのような施設があることを、行徳市民はどれくらい知っているのかも疑問です」

市民A「確かに文化施設は行徳側に少ない。最近でこそ行徳神輿ミュージアム、行徳ふれあい伝承館とかができたけどね」

6. 衛生費

私「衛生費の行徳比率は31.53％となりました。衛生費は国民健康保険、病気の予防といった保険衛生費、ごみ、し尿処理といった清掃費、環境費といった歳出項目です。

　衛生費の一般会計は176億円の予算規模ですが、509億円の予算規模をもつ国民健康保険特別会計があります。国民健康保険は自営業、農家、退職者が保険加入者で、後期高齢医療制度加入者、現役サラリーマンで健康保険組合、共済保険加入者は加入対象外です。

　収入は保険料収入、国庫支出金、県支出金、社会保険料からの交付金など多くの調達先から構成されていますが、市川市は約1割を一般会計から拠出しています。といっても、500億円の特別会計ですから48億円の規模になります。

　行徳市民は年齢構成が若いので、行徳単独だと保険財政が良いということを直感的に理解できると思います」

図表 4-18 衛生費の行徳比率（平成 28 年度）

単位：百万円

歳出	行徳①	市川市全体②	比率①/②		配賦基準	行徳③	市川市全体④	比率③/④
保険衛生総務費	1,733	5,123	33.84%		人口（人）	162,605	480,570	33.84%
保健センター費	189	559	33.84%		人口（人）	162,605	480,570	33.84%
予防費	420	1,242	33.84%		人口（人）	162,605	480,570	33.84%
成人病予防費	359	1,170	30.65%		40歳以上人口（人）	81,279	265,206	30.65%
急病対策費	105	311	33.84%		人口（人）	162,605	480,570	33.84%
斎場費	25	75	33.84%		人口（人）	162,605	480,570	33.84%
保険衛生費小計	2,832	8,480	33.40%					
清掃費	1,491	5,183	28.76%		世帯数（戸）（50%）	83,789	235,582	35.57%
					面積（km²）（50%）	12.61	57.45	21.96%
環境費	160	556	28.76%		世帯数（戸）（50%）	83,789	235,582	35.57%
					面積（km²）（50%）	12.61	57.45	21.96%
衛生費合計	4,483	14,219	31.53%					

7. 消防費

私「消防費の行徳比率は 26.93％となりました。市川市の消防署は 4
署体制です。行徳に南消防署、市川市本土に東、西、北消防署の 3 署
体制になっています。消防設備状況は南署と東署（八幡）が多めの設
備をもっており、行徳、市川市本土の中心として機能しています。

　南署の地理的独立性が高いので、行徳比率は消防署数比の 25％で
もいいのですが、人口比、面積比等を加味した数値にしました。

　浦安市の消防署は 1 署で市内全域を対象にしており、独立後の行徳
も 1 署で対応できると考えられます」

図表 4-19 消防費の行徳比率（平成 28 年度）

単位：百万円

歳出	行徳①	市川市全体②	比率①/②	浦安市
消防費	1,423	5,285	26.93%	2,045

配賦基準	行徳③	市川市全体④	比率③/④
人口（人）(1/3)	162,605	480,570	33.84%
面積（㎢）(1/3)	12.61	57.45	21.96%
消防署数 (1/3)	1	4	25.00%

8. 議会費、労働費、農林水産業費、商工費

私「残りの歳出項目である、議会費、労働費、農林水産業費、商工費について考えていきます。議会費、労働費、商工費は人口比（33.84%）で行徳比率を算出しました。

農林水産業費は地域差がはっきりしています。行徳で農業を行っているエリアは限定的です。家庭菜園なのか農地なのか区別がつかないような農地もあり、河原、下新宿、香取、相之川、福栄あたりにわずかに残っている程度です。市川市全体の農地面積に占める割合も0.15%程度しかありません。農業費は市川市本土に全額配賦しました。逆に漁業は行徳中心で水産業費は行徳に全額配賦しました」

図表 4-20 議会費・労働費・農林水産業費・商工費行徳比率

単位：百万円

歳出	行徳①	市川市全体②	比率①/②	浦安市	配賦基準	行徳③	市川市全体④	比率③/④
議会費	283	836	33.84%	372	人口（人）	162,605	480,570	33.84%
労働費	48	141	33.84%	0	人口（人）	162,605	480,570	33.84%
農業費	0	241	0.00%		本土に全額配賦			
水産業費	81	81	100.00%	11	行徳に全額配賦			
農林水産業費合計	81	322	25.16%					
商工費	209	617	33.84%	813	人口（人）	162,605	480,570	33.84%

第5章

財政の別視点からの分析・考察

1. ハコモノ施設への支出状況

私「第4章で歳出の行徳比率を算出しましたが、明確な基準がない項目については、保守的に人口比を採用しました。結果、歳出全体の行徳比率が高くなり30%弱（29.78%）となったのですが、実際の行徳比率は20%台前半レベルにまで低くなると思います。

　それを裏付けるものとして、市川市ホームページ上の『平成27年度　施設別行政コスト計算書』[1]に沿ったハコモノ毎の支出状況をみてみます。図表5-1は人件費、物件費をハコモノ施設毎に集計し、施設の維持運営にかかる総合的な支出額がわかる資料です。ハコモノ施設の所在地で行徳と市川市本土に区分しました。

　行徳比率は総行政コストベースで21.50%、ネットコストベースで21.93%となりました。

（注）
・総行政コスト＝人件費（職員給、臨時職員賃金、退職給与引当金　　　繰入額等）＋物件費（光熱水費、施設修繕料、減価償却費等）　　　＋経費（委託料、賃借料等）＋業務関連費（市債の償還利子当）
・行政サービスに対する収益＝使用料、手数料、分担金、負担金等
・ネットコスト＝総行政コスト－行政サービスに対する収益）」

市民A「かなり低い数値になるね。20%台前半か。これが実際の歳出の行徳比率に近い数値だと思うよ。歳入の行徳比率約40%と歳出の行徳比率は20%近いギャップが有るわけだ。この差は大きすぎる」

1　『市川市ホームページ』「平成27年度　施設別行政コスト計算書」http://www.city.ichikawa.lg.jp/fin01/1111000063.html（最終閲覧 2018/3/27）

図表 5-1 平成 27 年度 ハコモノ施設運営費の行徳比率

単位：千円

施設名	行徳			市川市全体			行徳比率			備考
	総行政コスト①	行政サービスに対する収益②	ネットコスト①-②	総行政コスト③	行政サービスに対する収益④	ネットコスト③-④	総行政コスト①/③	行政サービスに対する収益②/④	ネットコスト①-②/③-④	
1 市役所駐車場	21,122	3,961	17,161	32,622	9,897	22,725	64.75%	40.02%	75.52%	行徳支庁含む
2 アイリンクセンター	0	0	0	15,520	4,977	10,543	0.00%	0.00%	0.00%	本土
3 地域ふれあい館	24,745	1,724	23,021	69,984	5,033	64,951	35.36%	34.25%	35.44%	行徳5施設 本土8施設
4 市民談話室	38,939	6,379	32,560	83,569	8,962	74,607	46.60%	71.18%	43.64%	行徳1施設 本土1施設
5 男女共同参画センター	0	0	0	43,880	6,229	37,651	0.00%	0.00%	0.00%	本土
6 文化会館	0	0	0	544,789	125	544,664	0.00%	0.00%	0.00%	本土
7 市民会館	0	0	0	20,596	242	20,354	0.00%	0.00%	0.00%	建替前、平成26年度 本土
8 行徳公会堂	48,238	0	48,238	48,238	0	48,238	100.00%	0.00%	100.00%	行徳
9 文化活動施設	0	0	0	53,407	0	53,407	0.00%	0.00%	0.00%	芳澤ガーデン、木内ギャラリー本土
10 東山魁夷記念館	0	0	0	167,493	19,788	147,705	0.00%	0.00%	0.00%	本土
11 アイリンクタウン展望施設	0	0	0	75,998	7,587	68,411	0.00%	0.00%	0.00%	本土
12 市立保育園＋一部私立	1,516,097	238,125	1,277,972	5,126,808	842,294	4,284,514	29.57%	28.27%	29.83%	行徳7施設 本土18施設
13 こども発達センター	0	0	0	419,138	90,687	328,451	0.00%	0.00%	0.00%	本土
14 母子生活支援センター	0	0	0	57,114	43,412	13,702	0.00%	0.00%	0.00%	本土
15 子ども館	53,965	4	53,961	309,451	34	309,417	17.44%	11.76%	17.44%	行徳4施設 本土11施設
16 障害者福祉施設	76,843	47,361	29,482	535,490	265,814	269,676	14.35%	17.82%	10.93%	行徳1施設 本土5施設
17 障害者地域生活支援センター	0	0	0	34,186	1,520	32,666	0.00%	0.00%	0.00%	本土
18 地域活動支援センター	48,119	80	48,039	86,103	600	85,503	55.89%	13.33%	56.18%	行徳1施設 本土1施設
19 障害者いこいの家	0	0	0	3,024	0	3,024	0.00%	0.00%	0.00%	本土
20 養護老人ホームいこい荘	0	0	0	156,489	18,208	138,281	0.00%	0.00%	0.00%	本土
21 いきいきセンター老人いこい	37,301	5	37,296	37,301	5	37,296	100.00%	100.00%	100.00%	行徳4施設 本土9施設
22 老人デイサービスセンター	14,969	0	14,969	90,796	15,809	74,987	16.49%	0.00%	19.96%	行徳2施設 本土5施設

81

施設名	行徳			市川市全体			行徳比率			備考
	総行政コスト①	行政サービスに対する収益②	ネットコスト①-②	総行政コスト③	行政サービスに対する収益④	ネットコスト③-④	総行政コスト	行政サービスに対する収益	ネットコスト①-②	
23 介護老人保健施設ゆうゆう	0	0	0	1,054,806	438,833	615,973	0.00%	0.00%	0.00%	本土 平成28年度より民営化
24 休日急病等歯科診療所・急病	0	0	0	341,281	178,604	162,677	0.00%	0.00%	0.00%	本土
25 まちかど健康サロン	7,660	0	7,660	7,660	0	7,660	100.00%	0.00%	100.00%	行徳
26 斎場	0	0	0	259,396	44,635	214,761	0.00%	0.00%	0.00%	本土
27 霊園	0	0	0	214,992	222,267	-7275	0.00%	0.00%	0.00%	本土
28 市民体育館	141,705	23,745	117,960	305,167	66,213	238,954	46.44%	35.86%	49.37%	行徳1施設 本土1施設
29 市民プール	0	0	0	104,325	33,772	70,553	0.00%	0.00%	0.00%	本土
30 スポーツ広場	20,307	0	20,307	33,081	1,857	31,224	61.39%	0.00%	65.04%	行徳1施設 本土2施設
31 勤労者福祉センター	0	0	0	78,241	12,480	65,761	0.00%	0.00%	0.00%	行徳
32 地方卸売市場	0	0	0	177,587	117,748	59,839	0.00%	0.00%	0.00%	本土
33 市営住宅	262,649	165,246	97,403	710,207	479,313	230,894	36.98%	34.48%	42.19%	行徳5施設 本土20施設
34 高齢者福祉住宅	0	0	0	5,260	2,850	2,410	0.00%	0.00%	0.00%	本土
35 自転車駐輪場	161,056	155,898	5,158	728,590	618,826	109,764	22.11%	25.19%	4.70%	行徳13施設 本土34施設
36 動植物園	0	0	0	536,750	73,618	463,132	0.00%	0.00%	0.00%	本土
37 幼稚園	306,296	54,430	251,866	607,732	87,172	520,560	50.40%	62.44%	48.38%	行徳3施設 本土4施設
38 少年センター	0	0	0	49,791	0	49,791	0.00%	0.00%	0.00%	本土
39 少年自然の家	0	0	0	100,164	7,858	92,306	0.00%	0.00%	0.00%	本土
40 生涯学習センター	0	0	0	492,796	4,360	488,436	0.00%	0.00%	0.00%	本土
41 放課後保育クラブ	455,461	114,750	340,711	1,171,061	301,701	869,360	38.89%	38.03%	39.19%	行徳18施設 本土28施設
42 公民館	160,736	12,940	147,796	560,919	50,858	510,061	28.66%	25.44%	28.98%	行徳4施設 本土12施設
43 図書館	199,912	125	199,787	991,423	5,512	985,911	20.16%	2.27%	20.26%	行徳2 本土4施設
44 博物館	0	0	0	184,272	882	183,390	0.00%	0.00%	0.00%	考古、歴史、自然の3館、本土
合計	3,596,120	824,773	2,771,347	16,727,497	4,090,582	12,636,915	21.50%	20.16%	21.93%	

私「文化会館、子ども発達センターなど市域全域を見据えたサービス提供を行うハコモノ施設が、ほとんど市川市本土側に立地しているためこういう結果になります。行徳は周縁部であることが色濃く出た数値ですね。行徳側にも立地させるような工夫が必要です。続いて『市川市公共施設等総合管理計画』[1]から作成した図表 5-2　学校、市庁舎、消防署等を含めたハコモノ施設延床面積の行徳比率を見てください。」

図表 5-2　ハコモノ施設延床面積の行徳比率（平成 27 年度）

単位：㎡

全施設

全施設	延床面積	年齢構成別		
		年少（0歳～14歳）対象施設	老年（65歳以上）対象施設	全年齢対象施設
行徳	252,287.92	160,074.28	1,938.28	90,275.36
市川市全体	880,820.01	514,030.27	21,903.57	344,886.17
行徳比率	28.64%	31.14%	8.85%	26.18%

地域施設

地域施設	延床面積	年齢構成別		
		年少（0歳～14歳）対象施設	老年（65歳以上）対象施設	全年齢対象施設
行徳	181,171.95	159,912.78	1,938.28	19,320.89
市川市全体	601,972.45	504,787.54	7,933.32	89,251.59
行徳比率	30.10%	31.68%	24.43%	21.65%

全域施設

全域施設	延床面積	年齢構成別		
		年少（0歳～14歳）対象施設	老年（65歳以上）対象施設	全年齢対象施設
行徳	71,115.97	161.50	0.00	70,954.47
市川市全体	278,847.56	9,242.73	13,970.25	255,634.58
行徳比率	25.50%	1.75%	0.00%	27.76%

1　『市川市ホームページ』「市川市公共施設等総合管理計画」
http://www.city.ichikawa.lg.jp/common/000226691.pdf （最終閲覧
2018/10/27）より作成

（注）地域施設：
（年少対象施設）小学校、中学校、保育園、子ども館等
（老年対象施設）老人いこいの家、老人デイサービスセンター等
（全年齢対象施設）公民館、地域ふれあい館等

全域施設：
（全年齢対象施設）行徳公会堂、身体障害者福祉センター、
市営住宅、塩浜市民体育館等」

市民Ａ「ハコモノ施設延床面積の行徳比率は、すべての年齢別施設において低いな。特に老年対象施設がひどいな」

私「平成 27 年度の老年人口の行徳比率は 24.29％を占めています。行徳は少ないと言っても 2 万 4 千人の老年人口です。にもかかわらず老年対象施設全体の行徳比率はわずか 8.85％しかありませんし、全域施設だけを見ると 0％ですからね。このような偏在を許容していていいのでしょうかね？
　年少人口（平成 27 年度）の行徳比率 34.84％に対して、年少対象施設は 31.14％、全年齢人口の行徳比率 33.54％に対して、全年齢対象施設は 26.18％しかないのも問題ですよね。全年齢層で低い状態になっています。そんな状態にもかかわらず、先ほどの『市川市公共施設等総合管理計画』には以下のようなことも記載されています。

　　行徳地区は学校をはじめとする年少対象施設が多く整備されて
　　いますが、その年少人口は平成 42 年に 5,255 人減少することが
　　見込まれています。このことから、年少対象施設を中心に需要に
　　応じた施設規模に向けた見直しを行います」

市民Ａ「『行徳地区は学校をはじめとする年少対象施設が多く整備されています』は嘘だろ。小学校、中学校は市川市本土に比べて詰め込み状態で教室が不足している学校もある。第 4 章で書いてきた通り

だ。本当に減らして大丈夫なの？」

私「年少人口が 5,255 人も減るのは、市川市のままではこうなるのでしょう。だって、市川市は行徳に対して力を入れていませんからね。行徳独立で行徳に合った政策を実行すれば、年少人口だけでなく、全年齢人口をバランスよく維持できますよ。増やすことも可能です。市川市に任せていたんじゃ、行徳は衰退してしまいます」

2. 小学校の状況

私「先ほどの『市川市公共施設等総合管理計画』では、今後 15 年間の年少人口予想と建物老朽化に伴うコスト負担を考えて、小学校の延床面積を 20％削減しようとしています。
　統合集約、他の施設との共有化、廃止を検討する第 1 候補として、行徳では南行徳、幸小学校の 2 校、市川市本土では百合台、稲荷木、曽谷、平田、冨貴島、大和田、鶴指、真間、菅野、宮田小学校の 10 校が挙げられています。
　第 2 候補として、行徳では妙典、新浜、福栄、塩浜小学校の 4 校、市川市本土では市川、大野、八幡、大洲、北方、稲越、国分小学校の 7 校となっています」

市民A「行徳については、かなり違和感あるよな。南行徳小学校や幸小学校無くして大丈夫なの？第 2 候補では妙典小学校が入ってるの？もう勘弁して」

私「気を付けてほしいのは廃止候補という訳ではなく、他施設との共有などの可能性も含めた候補だということです。
　それと、この評価方法には欠点があって、学級数と学区面積の二つの指標だけでサービス評価をしている結果、そこそこ学級数があって学区面積が広い小学校が高い評価を受けています。ちなみに最も高い

評価を受けている小学校は、南新浜、大柏、信篤小学校ですが、いずれも学区面積が非常に広い小学校です。南新浜、信篤小学校の学区面積が広いのは、臨海部の広大な工業専用地域を含んでいるからですが、工業専用地域に住居は建設できません。人が住めない地域の面積を入れて高い評価をしてはいけないのではないかと思うのですが」

市民A「大柏小学校は市街化調整区域や都市計画区域外の面積が大きいのだろう。もう少し考えて評価基準を作らないとだめだよね」

私「市川市本土の過疎地状態の小学校を維持させる基準を、無理に作り出している感じがします。私も市川市本土の小学校廃止は現実的でないと思うので、実態をねじ曲げるのではなく、実態はこうだけど存続しかない、という判断でもいいと思いますよ。
　そもそも行徳と市川市本土では面積、人口密度が大きく異なっているので、学校の統廃合基準は二重基準にした方がいいと思います。行徳で統廃合なんて考えなくてもいいですよ」

市民A「同じ市内で二重基準の運用は難しくて、結局全部残すという判断を招きかねない。この観点からも行徳は独立した方がいいんだよ。スタンダードが違うわけだから一緒でないほうがいいよ」

3. 減税政策

私「独立した場合、行徳市は歳出を抑えられた状況で発足するわけですから、歳出を増やすことなく減税政策をとることも可能です」

市民A「それもいいよね。名古屋市をはじめとするいくつかの自治体は、個人市民税の税率を引き下げている。名古屋市は国から地方交付税交付金を交付されているにもかかわらず、税率を引き下げるのはおかしいという批判があるからな。名古屋市民は得するけど、その穴埋

めに全国民が納めた地方交付税が使われることはいいことなのか？
という疑問は残るよね」

私「独立後の行徳市は、個人市民税税率を引き下げるだけの条件が整っています。話は脱線しますが、行徳以上に浦安市は税率を引き下げてもいい条件になっていると思います。浦安市は、すでに都市計画税を徴税していませんが、個人市民税減税の余裕もありますよ。市民もよく黙っているなあ」

市民Ａ「俺が浦安市民なら過剰なサービスはいらない、減税してくれ、と主張するけどな。名古屋市のように地方交付税交付金を交付されている自治体の税率が低くて、浦安市のような超ピカピカの自治体の税率が高いままでいることはおかしなことだよ。
　やっかみもあるけど浦安市は無駄遣いも多いと思うぜ。例えば１年半ほど前にできた浦安市運動公園野球場は立派すぎるよ。千葉ロッテマリーンズがイースタンリーグを開催できるようなレベルで、さいたま市にあるロッテ二軍球場よりいい施設だ。俺なんか千葉ロッテマリーンズのファンだからありがたいけど、税金の使い方としてはいいのだろうかね」

私「浦安市運動公園はすごいですよね。私は昔アーチェリーをやっていまして、３年ほど前に完成したアーチェリー場には驚きました。首都圏では数少ない70メートル級ですからね。
　できたばかりで綺麗だし、初心者向けに弓矢のレンタルと教室を無料で提供してくれます。窓口の人に聞いたら、2020年東京オリンピックの公式練習場を狙っていたとか。十分その価値はありますね。
　ちなみに建設に３億円かかっているそうです。あの競技人口に対して、３億円かけて建設してくれる太っ腹な浦安市には恐れ入ります。教室開催日以外は一日利用者が１人か２人の時もありますから、プライベートレンジ（射場）のようです」

市民Ａ「空のＦ１なんかも協賛しているし、結構派手でバブリーな感じがするのだが。ま、いいか、俺は浦安市民でないから言う資格もないし」

私「浦安市のように予算が余ってバブリーな使い方をするくらいなら、減税した方がいいでしょうね。行徳市も減税に問題はないし、検討する価値はありますよ。ただ、市川市のままだと減税は無理です」

市民Ａ「そうだな。市川市のままだと減税は未来永劫不可能だ。行徳市民は減税の恩恵にあずかる可能性すらない。独立したら減税は可能になる。減税をするかどうかは市民が決めればいいだけだ」

4. 生産年齢人口から見た財政

私「市川市の歳入は平成19年度から平成28年度までは1,218億円から1,408億円に増加しています。」

市民Ａ「190億円の増加か。順調だと言えるんだろ？」

私「190億円の内、国県支出金の増加が137億円となっており、自主財源の市税は44億円しか増加していません。
　市税増加額44億円の主な内訳は、固定資産税・都市計画税が51億円の増加で、個人市民税は2億円、法人市民税は12億円の減少となっています。
　固定資産税・都市計画税の増加は、地価の高い行徳の貢献度が大きいと言えます。
　市民税は減少しているのですが、所得に課税されるものなので景気によって税収が左右されます。事実、個人市民税は平成20年度の391億円をピークとして、リーマンショック後の景気低迷と東日本大震災の影響が大きかった平成23年度には356億円まで35億円も減少し

ています。アベノミクス効果で平成 24 年度以降は持ち直してはいるものの、平成 28 年度で 377 億円と 21 億円しか回復力はありません。平成 20 年度を基準にすると 14 億円の減少です」

市民 A「景気の影響だけでなく、高齢化が進み、生産年齢人口（15 歳以上 64 歳以下）が市川市全体で平成 19 年度 336,591 人（生産年齢人口比率 72.0%）→平成 28 年度 323,559 人（同 67.1%）と減少していることも原因だな」

私「その通りです。生産年齢人口が減少すると、所得が減少し個人市民税も減少します。生産年齢人口は、平成 42 年（2030 年）に 285,859 人[1]（生産年齢人口比率 64.5%）まで減少することが推計されていますので、個人市民税減少に拍車がかかるでしょう」

市民 A「その程度の減少で収まるのかも疑わしいな。もっと少なくなることも考えておかないと」

私「このように生産年齢人口の変化は個人市民税に影響を与えますが、市川市は市内 12 地区の生産年齢人口比率を『人口から見る地区カルテ』[2]で公表しています。

1　『市川市ホームページ』「市川市の将来人口推計（平成 27 年度）」http://www.city.ichikawa.lg.jp/common/000226149.pdf（最終閲覧 2018/10/27）シナリオ 3 基準値維持モデル使用
　（参考）平成 52 年（2040 年）57.9%、238,048 人、平成 62 年（2050 年）54.4%、202,694 人、平成 72 年（2060 年）55.0%、182,288 人
2　『市川市ホームページ』「市川市の将来人口推計（平成 22 年度）」http://www.city.ichikawa.lg.jp/pla01/1111000231.html（最終閲覧 2018/1/27）

図表 5-3 市川市地区別生産年齢人口比率

	地区名	平成17年	順位	平成22年	順位	平成28年	平成42年	順位
1	大柏	68.4%	7	63.3%	10	61.2%	57.7%	10
2	宮久保	68.4%	7	64.2%	8		59.0%	8
3	曽谷	68.4%	7	62.0%	12		57.1%	11
4	国分・国府台	66.5%	11	62.1%	11		57.0%	12
5	市川	69.6%	6	67.5%	6		62.6%	5
6	八幡	67.6%	10	65.6%	7	65.1%	63.6%	4
7	中山	66.3%	12	64.1%	9		59.6%	7
8	市川駅南	71.6%	5	68.4%	5		66.2%	1
9	本八幡駅南	72.2%	4	71.0%	4		63.7%	3
10	信篤	74.1%	2	72.7%	3		58.9%	9
11	行徳	74.0%	3	73.2%	2	71.9%	66.1%	2
12	南行徳	76.1%	1	73.9%	1		62.6%	5

　行徳の生産年齢人口比率は高いので、市民税でも行徳の貢献度は大きいと言えます。ただ、行徳の生産年齢人口比率も、今後は低下していきます」

市民Ａ「行徳は独立すれば、生産年齢人口比率 70％程度は維持できるんじゃないか」

私「独立して行徳に合った政策を実行すれば可能だと思います。市川市のままでは難しいでしょうね。
　市川市本土の納税力はすでに減少傾向であり、このまま行徳の納税力も落ちてしまうと、行徳からの補填による税収維持シナリオが、崩壊する時期が到来するのです」

5. 親の介護対策

私「何度も申し上げますが、将来の行徳にとって怖いのは高齢者施設が不足する状態に陥っていることです。現状、行徳の高齢者施設は全くと言っていいほど整備されていません。高齢化が先に進んでいる市川市本土優先で整備されているからです。
　行徳市民が現役時代に収めた税金で、市川市本土の高齢者施設を作

るのに最大限の協力をして、いざ、自分たちが高齢者になったときには、行徳に高齢者施設がなく、不便と我慢を強いられる状態に陥るのが予想できます」

市民Ａ「行徳は今すぐにでも独立して、高齢者施設の用意をしておかなきゃいけないね」

私「浦安市も行徳と同じようなスピードで高齢化が進むのですが、高齢者施設を着々と作っています。市川市本土も着々と作っています。行徳の出遅れだけが目立っています。
　行徳市民は、自分が高齢者になったときに高齢者向けサービスを確実に受けられるのかどうか、という不安が大きいのですが、現在親の介護を行っている市民のニーズにも応えられていないと思います。行徳は地方出身者が多く、市民の親たちは地方に居住しています」

市民Ａ「そうだな。みなさん日本全国いろんな所からきているもんなあ。最近は地方居住の親の介護時期に差し掛かって、毎週のように帰省している知人がいるよ。親よりもその人本人の方が倒れないか心配だね」

私「世話をするために、都度飛行機、新幹線で往復するのは、体力的にも精神的にも経済的にもつらいと思うのです。その解決方法の一つとして、行徳に地方の親を呼び寄せてケアできる体制の構築を急ぐべきです。特別養護老人ホームや介護老人保健施設といった施設系サービスだけでなく、居住系サービスを充実させるなど、独自の工夫を行えばいいと思います」

市民Ａ「どうしても地方を離れたくないという親御さんの面倒を見るために、帰省費用を補助するのもいいかもよ。経済的な負担だけでも緩和してあげればと思う」

私「このような対応は市川市のままでは無理でしょうね。行徳独立でこのような政策対応ができるようにしたいものです。行徳市民は大事な働き手です。行徳市民が過労で倒れたら、大事な働き手を失うだけでなく逆に介護が発生するわけで悪循環に陥りますからね」

6. 市川市の人件費

私「市川市の財政を考えるにあたって、人件費については述べなければなりません。他人の給与について詮索したくないし、公務員の方たちの人生設計にも影響を与えるので、あまり踏み込みたくないのですが、踏み込まざるを得ない状況になっているので、踏み込みます」

市民A「市川市の人件費って馬鹿高いって聞いたことがあるぜ」

私「千葉県のホームページに『平成29年市町村の給与水準及び給与制度の状況』[1]が掲載されています。千葉市を除く県内53市町村の給与をラスパイレス指数という指数順に並べて、高い低いの判断をしています。算出方法詳細については千葉県のホームページを参照していただきたいのですが、地方公務員の学歴別、経験年数別構成が国家公務員と同一であると仮定して、国家公務員の給与を100とした場合の地方公務員の給与水準を表しています。100を超えると国家公務員より高い水準、100を下回ると低い水準であるとされています。ラスパイレス指数が高い順に見ていくと市川市は平成28年度千葉県内第1位、全国第4位、平成29年度千葉県内第2位、全国第5位です」

1『千葉県ホームページ』「平成29年市町村の給与水準及び給与制度の状況」https://www.pref.chiba.lg.jp/shichou/press/2017/h29-kyuuyo.html#ras（最終閲覧2018/10/27)

図表5-4 千葉県市町村ラスパイレス指数ランキング

平成29年度				平成28年度		
県内順位	全国順位	市町村名	ラスパイレス指数	県内順位	全国順位	ラスパイレス指数
1	2	芝山町	103.5	19	126	101.0
2	**5**	**市川市**	**103.3**	**1**	**4**	**103.5**
3	9	富津市	102.9	10	84	101.4
4	27	松戸市	102.2	1	4	103.5
4	27	印西市	102.2	5	55	101.9
6	39	木更津市	102.0	8	77	101.5
7	46	柏市	101.9	5	55	101.9
7	46	匝瑳市	101.9	14	97	101.3

市民A「芝山町は平成28年度から急浮上しており特殊要因が考えられるので、平成29年度も市川市が実質県内第1位、全国第4位だな」

私「ラスパイレス指数だけで評価すると高いとしか言えません。市川市の公務員給与は国家公務員より高い→けしからんという結論になるのですが、国家公務員給与が地方公務員より低いってことありえるのかな、と疑問に思うんですよ。

　そもそもラスパイレス指数を算出するにあたって、学歴や経験年数を国家公務員と同一にするということは、学歴別で低くなる地方公務員の給与を引き上げる操作になります。さらに、地方公務員は局長、部長等幹部を含めて算出するのに対して、国家公務員は事務次官をはじめ本省次長以上の幹部職員や高給スタッフ職を除外して算出しています。

　あくまでも給与だけの比較で、国家公務員の職員住宅のような充実した福利厚生や天下りでの特権を考えると、地方公務員にとって公平な比較ではない、ということは知っておかなければいけません」

市民A「そういうカラクリがあったのか。財務省セクハラ事務次官や文書改ざん国税庁長官の給与や退職金は高かったけど、そういった幹

部職員の給与は含まれていないわけだ。ただ、国家公務員との比較では公平でなくても、地方公務員間では同じ基準での比較だから、高い低いの判断基準になるわけだろ」

私「地方公務員間での高い低いの判断基準にはなりますが、浦安市が上位に入っていないことにも違和感を覚えるんですよね。ちなみに浦安市は 100.5 で県内第 27 位です」

市民A「確かにそうだな。浦安市がそんなに低い順位ではないだろう」

私「千葉県は先ほどの『平成 29 年市町村の給与水準及び給与制度の状況』で、ラスパイレス指数だけでなく、自治体平均給与月額上位 5 団体を発表しています。それを見ると浦安市は一般行政職では堂々の第 1 位です。平均給与が第 1 位の浦安市がラスパイレス指数では第 27 位。ラスパイレス指数が抑えられる数字の操作方法があるのではと疑ってしまいます」

図表 5-5 千葉県自治体平均給与月額上位

単位：円

一般行政職		
県内順位	市町村名	平均給与月額
1	浦安市	451,900
2	佐倉市	447,400
3	**市川市**	**443,600**
4	習志野市	442,700
5	我孫子市	438,700

技能労務職		
県内順位	市町村名	平均給与月額
1	船橋市	446,500
2	**市川市**	**442,600**
3	我孫子市	435,000
4	八千代市	432,900
5	浦安市	426,600

市民Ａ「浦安のことよりも、平均給与月額でも市川市は堂々の第2位、第3位だぜ。ラスパイレス指数だけでなく実額でも、市川市は文句なしで高いんだよ」

私「人件費が高いか安いかは行政サービスを受ける市民の肌感覚が一番大事でしょう。市川市の公務員が給与に見合った分働いていると思えば相応だし、給与以上に働いていると思えば安いということだし」

市民Ａ「じゃあ聞きます。市川市公務員の生産性が高いって聞いたことある？仮に市民がそう思ってくれたとしても、当の市川市公務員自身がそうでないと認めているぜ。市川市の『給与・定員管理等について』[1]という資料にこう書いてあるんだけど。
『平成26年10月1日から本市独自の給料表を国家公務員の棒給表を基本とした給料表に改め、（略）抜本的・総体的見直しを図ったところです。（略）今後も多少時間はかかるものの**給与水準は適正な水準となることを見込んでいます**』
ということは現状適正な水準じゃないということだよな」

私「うーん、そうですね。人件費削減はなかなか難しくて、幹部の誰かが先頭に立ってやらなきゃできません。幹部もここで実績上げても職員の恨みを買うだけだし、何よりも自分の給与も下がる。強制力が働かないと積極的にはやりたがりませんよ。夕張市くらいはっきりだめになればメスをいれることができるのでしょうが難しいですね」

市民Ａ「ちょっと聞くけど、あなたは市川市公務員の給与はこのままでいいと思っているの？」

---

1 『市川市ホームページ』「給与・定員管理等について」
http://www.city.ichikawa.lg.jp/common/000258660.pdf （最終閲覧2018/10/27）

私「そうは思っていません。自浄作用を求めることが難しい、強制力がないと効果が出ないということですよ。実際、歳出に占める人件費率は高いですし。

図表 5-6 人件費率比較（平成 28 年度）

単位：％

市川市	松戸市	船橋市
21.20%	17.20%	17.40%

　市川市の人件費は平成 19 年度 328 億円から平成 28 年度 288 億円に減ってきているとはいえ、民営化を行って人件費を補助金や委託料等に振替えているだけです。勘定だけ替えて人件費削減をしているかのようにみせているのですが、それでも近隣市と比較して高いのはどうしてなのでしょうか」

第6章 行徳の財政力指数

1. 財政力指数

私「独立後の行徳市の予想財政力指数を算出したいと思います」

市民Ａ「そもそも財政力指数って何だ？」

私「地方公共団体の財政力が豊かか貧しいかを測る指標です。

経常的な財政収入額（基準財政収入額）を経常的な財政支出額（基礎財政需要額）で割り算をした数値です。

収入＞支出の豊かな自治体は1を上回り、収入＝支出だったら1で、収入＜支出だと1を下回ります。ほとんどの自治体の財政力指数は1を下回っています」

市民Ａ「市川市は1を少し上回るぐらいだよね。（平成28年度単年度1.06）」

私「本書でも地方交付税交付金という言葉が何度か出てきました。自治体の財政力にはばらつきがあるので、財政力の弱い自治体に国が地方交付税交付金を交付することで、財政赤字を補てんしています。結果、日本中のどこの自治体に住んでいても、最低限の行政サービスを受けることができるようにする制度です。地方交付税交付金の交付基準になるのが財政力指数です。地方交付税交付金は財政力指数1以上だと原則交付されないのですが、交付されないということは財政が豊かである、と総務省に公認されたようなもので名誉なことでもあります」

市民Ａ「一応、市川市は名誉ある状態になっている訳だ」

私「千葉県内では断トツの1.52を誇る浦安市をはじめ成田市、市原市、君津市、袖ヶ浦市が不交付団体になっています」

図表 6-1 地方交付税交付金不交付団体名（平成 28 年度）[1]

都道府県	不交付団体名	不交付団体数
北海道	泊村	1
青森県	六ケ所村	1
福島県	広野町、大熊町	2
茨城県	つくば市、神栖市、東海村	3
栃木県	上三川町、芳賀町	2
群馬県	太田市、大泉町	2
埼玉県	戸田市、和光市、三芳町	3
千葉県	**市**川市、成田市、市原市、君津市、浦安市、袖ケ浦市	6
東京都	立川市、武蔵野市、三鷹市、府中市、調布市、小金井市、国分寺市、国立市、多摩市、羽村市、瑞穂町	11
神奈川県	川崎市、鎌倉市、藤沢市、海老名市、厚木市、寒川町、中井町、箱根町	8
新潟県	聖籠町、刈羽村	2
福井県	高浜町、おおい町	2
山梨県	昭和町、忍野村、山中湖村	3
長野県	軽井沢町	1
静岡県	富士市、御殿場市、裾野市、御前崎市、湖西市、長泉町	6
愛知県	岡崎市、碧南市、刈谷市、豊田市、安城市、小牧市、東海市、大府市、高浜市、日進市、田原市、みよし市、長久手市、豊山町、大口町、飛島村、幸田町	17
三重県	四日市市、川越町	2
京都府	久御山町	1
大阪府	田尻町	1
福岡県	苅田町	1
佐賀県	玄海町	1
合計		76

1　『総務省ホームページ』「平成 28 年度　不交付団体の状況」
http://www.soumu.go.jp/main_content/000430841.pdf（最終閲覧
2018/10/27）

市民A「へー結構あるんだ」

私「そんなことはなくて、全国の 1,718 市町村のうち不交付団体は 76 の 4%程しかありません。中国、四国、沖縄は一つもないし、北海道、東北、九州にあるにはあるのですが、原子力発電関連施設が立地しているワケアリ自治体がほとんどを占めます。

　原発関連以外には、防衛関連施設、大規模空港・港湾施設、大企業の事業所・工場・倉庫・研究所、観光地・保養地・大規模レジャー施設などが挙げられます。ワケアリと言っても、浦安市の東京ディズニーランドのようなプラスイメージのワケアリもあります」

市民A「千葉県では浦安市は東京ディズニーランド、成田市は成田空港、市原市、君津市、袖ヶ浦市は大企業の事業所・工場ってとこか。そんな中に大した特長のない市川市が入っているなんてすごくない？」

私「そうなのです。原発立地自治体でもなく、有名観光型自治体でもなく、愛知県豊田市のように大企業城下町でもない、すなわち特長のない市川市の財政力の強さは認識しなければなりません。

　ただ、市川市全体で財政力が強いという訳ではなくて、財政黒字を生み出しているのは行徳で、行徳がなければ市川市本土だけではとっくの昔に交付団体になっています」

市民A「すごいぞ、行徳」

私「近隣ではギャンブル施設や防衛施設を持っている船橋市ですら、財政力指数は 0.96 で交付団体です。平成 21 年度までは不交付団体でしたが復活できない状態です」

市民A「市川市本土近隣は厳しくなっているわけだ」

図表 6-2 平成 26 年度財政力指数ランキング[1]

順位	自治体名	財政力指数	順位	自治体名	財政力指数
1	飛島村 （愛知県）	2.07	29	聖籠町 （新潟県）	1.10
2	泊村 （北海道）	1.88	29	昭和町 （山梨県）	1.10
3	山中湖村 （山梨県）	1.81	29	大口町 （愛知県）	1.10
4	六ヶ所村 （青森県）	1.64	32	厚木市 （神奈川県）	1.08
5	軽井沢町 （長野県）	1.49	33	袖ケ浦市 （千葉県）	1.07
6	浦安市 （千葉県）	1.48	33	立川市 （東京都）	1.07
7	忍野村 （山梨県）	1.47	33	みよし市 （愛知県）	1.07
8	箱根町 （神奈川県）	1.44	33	多摩市 （東京都）	1.07
8	大熊町 （福島県）	1.44	37	大府市 （愛知県）	1.05
10	武蔵野市 （東京都）	1.41	37	御前崎市 （静岡県）	1.05
10	東海村 （茨城県）	1.41	37	久御山町 （京都府）	1.05
12	田尻町 （大阪府）	1.36	40	三鷹市 （東京都）	1.04
13	刈羽村 （新潟県）	1.33	40	豊田市 （愛知県）	1.04
14	神栖市 （茨城県）	1.32	42	武豊町 （愛知県）	1.03
15	東海市 （愛知県）	1.26	42	藤沢市 （神奈川県）	1.03
16	成田市 （千葉県）	1.25	44	豊山町 （愛知県）	1.02
17	長泉町 （静岡県）	1.24	44	長久手市 （愛知県）	1.02
18	刈谷市 （愛知県）	1.20	44	三芳町 （埼玉県）	1.02
19	安城市 （愛知県）	1.19	44	木城町 （宮崎県）	1.02
19	戸田市 （埼玉県）	1.19	48	裾野市 （静岡県）	1.01
21	川越町 （三重県）	1.18	48	上野村 （群馬県）	1.01
22	調布市 （東京都）	1.15	48	清川村 （神奈川県）	1.01
23	広野町 （福島県）	1.12	48	鎌倉市 （神奈川県）	1.01
23	小牧市 （愛知県）	1.12	48	おおい町 （福井県）	1.01
25	苅田町 （福岡県）	1.11	48	女川町 （宮城県）	1.01
25	玄海町 （佐賀県）	1.11	48	碧南市 （愛知県）	1.01
25	府中市 （東京都）	1.11	55	君津市 （千葉県）	1.00
25	幸田町 （愛知県）	1.11	55	市原市 （千葉県）	1.00
			55	川崎市 （神奈川県）	1.00
			55	湯沢町 （新潟県）	1.00
			55	芳賀町 （栃木県）	1.00
			55	寒川町 （神奈川県）	1.00
			55	和光市 （埼玉県）	1.00
			55	竜王町 （滋賀県）	1.00
			55	**市川市 （千葉県）**	**1.00**

1　『都道府県・市区町村ランキングサイト　日本☆地域番付』

「全国・全地域の財政力指数番付」

http://area-info.jpn.org/KS02002All.html

（最終閲覧 2018/10/27）

私「東京都武蔵野市、三鷹市、小金井市、国分寺市、国立市は不交付団体なのですが、特にワケアリ財源に頼っているわけではなく、普通の市民が住んでいて、有名企業の本社・研究所が数ケ所ある首都圏ベットタウン型の自治体です。行徳はこのような自治体の範疇に入るのです。

図表 6-2 は『平成 26 年度財政力指数ランキング』ですが、市川市は 1.0 で 55 位です。首都圏では浦安市が 1.48 で 6 位、武蔵野市が 1.41 で 10 位と上位についています。

　武蔵野市は吉祥寺がある市と言えば分かる人が多いと思うのですが、人口 14 万 5 千人、面積 10.98 平方キロメートル、人口密度 13,232 人/平方キロメートルで行徳や浦安市より一回り小さい自治体です。

図表 6-3 行徳、浦安市、武蔵野市比較

単位：人

	人口（人）	面積（k㎡）	人口密度（人）
行徳	162,605	12.61	12,895
浦安市	166,116	17.30	9,602
武蔵野市	145,296	10.98	13,233

　吉祥寺周辺の大学生が多いこと、すかいらーく、ジョナサン、モンテローザ、松屋フーズ、大戸屋といった外食系本社や本部があり、市外からの勤務者が多い点は行徳と異なっていますが、市外への勤務者が多い点は似ています」

市民Ａ「行徳は武蔵野市を目標にすべきだって言いたいの？」

私「そうですね。行徳の特色を出していくのは当然ですけど、財政力指数で 1.3、全国ランキング 15 位程度を目指せばいいと思います。武蔵野市は法人の力がある自治体ですが、行徳も東京都心に近い利点を活かして、第三次産業中心に法人力を伸ばしていけばいいでしょう」

2. 行徳の予想財政力指数

私「現在の財政力で行徳市単独の予想財政力指数を算出しました。
1.27〜1.33 で、市川市本土地域は 0.93〜0.96 となりました。

　行徳市になれば充実した行政サービスを受けられるし、将来の街づくり資金も潤沢に使えるようになります。

　以下で行徳、市川市本土の財政力指数算出過程を示します。

（1）基準財政需要額の算出

① 　基準財政需要額に影響を与える測定単位は、人口、年齢別人口、面積等です。行徳、市川市本土、近隣自治体を人口、生産年齢人口比率、65 歳以上人口比率、人口密度がよく似通った 2 つのグループに分けると、第 1 グループ（行徳、浦安市）、第 2 グループ（市川市本土、松戸市、船橋市）となります。

図表 6-4 基準財政需要額算出条件（平成 28 年 10 月）

単位：人

	行徳	市川市本土	市川市全体	浦安市	松戸市	船橋市
人口	162,605	317,965	480,570	166,116	491,741	630,349
生産年齢人口	116,991	205,469	322,460	115,352	310,479	399,484
生産年齢人口比率	71.95%	64.62%	67.10%	69.44%	63.14%	63.38%
65歳以上人口	24,678	74,089	98,767	27,069	121,589	146,682
65歳以上人口比率	15.18%	23.30%	20.55%	16.30%	24.73%	23.27%
人口密度	12,895	7,091	8,365	9,602	8,011	7,362
面積（k㎡）（決算カード）	12.61	44.84	57.45	17.30	61.38	85.62

② 　第 2 グループの松戸市、船橋市の数値から、市川市本土の基準財政需要額を算出します。松戸市、船橋市の人口は、市川市本土の人口と異なるので、下記数式で両市の基準財政需要額を市川市本土人口規模に補正します。

103

（補正後の松戸市、船橋市基準財政需要額）

＝（松戸市、船橋市基準財政需要額）×（市川市本土人口）÷
（松戸市、船橋市人口）

③ 補正した松戸市、船橋市基準財政需要額の平均値 41,251 百万円
を市川市本土の基準財政需要額とします。

図表 6-5 松戸市、船橋市基準財政需要額の補正

単位：百万円

松戸市補正額	船橋市補正額	平均値
40,825	41,678	41,251

④ 行徳の基準財政需要額は、市川市全体の基準財政需要額から市川
市本土の数値を引いた 19,443 百万円としました。

図表 6-6 財政力指数

	行徳	市川市本土	市川市全体	浦安市	松戸市	船橋市
基準財政需要額	19,443	41,251	60,694	21,801	63,137	82,624
基準財政収入額(最小)	24,733	39,626	64,359	33,153	57,076	79,532
財政力指数(単年度)	1.27	0.96	1.06	1.52	0.90	0.96
基準財政収入額 (最大)	25,904	38,455				
財政力指数(単年度)	1.33	0.93				

(2) 基準財政収入額の算出

基準財政収入額については、第 3 章において算出した市税の行徳比
率 38.43％〜40.25％を市川市全体の基準財政収入額に乗じました。
基準財政収入額は最小で 24,733 百万円、最大で 25,904 百万円としま
す。図表 6-6 行徳の基準財政収入額（最小）、同（最大）に記載。

(3) 財政力指数（財政力指数＝基準財政収入額÷基準財政需要額）

以上（1）（2）より、財政力指数は最小で 1.27、最大で 1.33 になり
ます」

3. 市川市が地方交付税不交付団体であることの是非

私「市川市が地方交付税交付金の不交付団体であるのは、行徳の犠牲（行徳の黒字を市川市本土の赤字補填に使用すること）の上に成り立っています。以下では地方交付税交付金の不交付の是非について考えていきます。

　まず、現在の市川市の状況についておさらいをします。平成 28 年度単年度の財政力指数は 1.06 です。過去 10 年間の財政力指数は 1 を挟んで上下し、交付団体になる年度もあるボーダーラインの自治体です。不交付団体は全国で 76 自治体、4% ほどしかないので、一応財政が豊かな自治体と言えるでしょう。

　ただ、市川市のようにボーダーラインで不交付団体入りしている自治体は、浦安市のように超ピカピカ、富豪級不交付団体とは異なり、財政は不安定でデメリットが大きく、住民にとっては必ずしもいいことではありません。貧乏ではない自治体程度に考えていたほうがいいでしょう」

市民Ａ「名誉なことだと考えている市民も多いんじゃないかな？」

私「浦安市のように不交付団体のデメリットを吸収して余る財政力があれば、実（じつ）を失うことが実感されませんから、名誉を謳ってもいいと思います。一方でボーダーライン自治体では、名誉よりも失う実の方が大きくて、手放しで喜べる状態ではありません」

市民Ａ「不交付団体の名誉か、実か。市川市のようにギリギリじゃ、戦略的に交付団体になることも考えるべきだということだ」

私「その通りです。例えば待機児童問題ですが、解決できない原因のひとつに予算制約があります。明らかに保育園が整っていないのなら、財政赤字に陥ってもいいので、バンバン保育園を作るべきです。その

赤字は全額ではないものの、国が地方交付税交付金で補てんしてくれる仕組みになっています。不交付団体の名誉よりも実を取りに行って行政サービス向上を実現するのです。

　不交付団体の名誉を守るために行政サービスは我慢してね、という選択肢と、交付団体になっちゃったけどお陰で行政サービスは充実したよね、という選択肢のどちらがいいかということです」

市民Ａ「そう言われると後者を選択するよね。だって市川市が不交付団体だろうが交付団体だろうが、一般市民にとってはあまり関係のない話で、そんな基準で行政サービスが制限されているのだったら、行政サービスを充実させることを選ぶよ」

私「地方交付税は本来地方の税収入とすべきものですが、国税として国が代わって徴収し、一定の合理的な基準によって再配分する、いわば『国が地方に代わって徴収する地方税』という性格をもっています。

　この制度の良しあしの議論についてはここでは致しません。過去から３割自治４割自治と揶揄されながら、数十年も継続している制度で、制度がなくなると立ちいかなくなる自治体が続出するので、今後時間をかけて議論し続けるしかないと思います。

　大事なのは、この制度が継続することを事実として認識することです」

市民Ａ「制度の見直しは必要かもしれないけど、今自分たちにできることは、この制度を如何に自分たちの自治体運営に活用するかということだな」

私「もちろん自治体の維持にかかわるレベルまで財政が国頼みになることは避けなければなりません。行き過ぎた結果、例えば夕張市のような再建団体に陥ってはいけません」

市民Ａ「そりゃそうだ。でも夕張市は全国でも極端な例だからな。市川市は夕張市のようなことにはならないし、仮に市川市がそんなことになってしまったら、その時は日本中再建団体だらけになっているよ。

　でも、ほとんどの自治体が交付団体であることを考えると、戦略的財政赤字は選択肢として持っておくべきだよな」

私「今の市川市のように財政力指数１を超えていても、豊かさを実感できていないのだったら、適度な財政赤字を出して、国に地方交付税交付金で穴埋めしてもらうことを選択してもいいと思います。

　近隣の松戸市や船橋市が、既に交付団体であることを考えると、不交付に固執しなくてもいいと思います。ちなみに平成28年度に松戸市は60億円、船橋市は30億円交付されています。年間30億円〜60億円ほど支給されるとしたら、10年単位でみると300億円〜600億円の差になるのでとても看過できない数字ですよね。

　大久保前市長の8年間は不交付団体を維持しました。さらに市債の残高も減少させ、将来世代にツケが回らないような財政運営をしてきました。この点で大久保前市長はもっと高い評価を受けるべきだと思う一方、物事には二面性があって、待機児童問題や高齢者施設問題など行政サービス不足が残ったのも事実です。

　攻めの行政サービスを実現するにはもちろんお金がかかります。市役所は打ち出の小槌ではありません。市長と市役所には財政赤字に伴う将来世代の負担増を抑えつつ、地方交付税制度をクレバーに活用する、バランスのいい政策運営能力が求められます」

4. 不交付団体のメリット、デメリット

市民Ａ「不交付団体にはデメリットがあると言っていたけど、具体的にはどんなメリットとデメリットがあるの？」

私「埼玉県三芳町は不交付団体ですが、『三芳町の財政白書 平成 23 年度決算』[1]という冊子を発行し、不交付団体のメリット・デメリットについて書いています。

① メリットは自治体運営に必要な『基準財政需要額』を超えた税収は、その自治体独自の施策に使う余裕があります。更に、税収が増加した場合は、増加分のすべてが自由に使える財源となります。

② デメリットは景気の悪化などで税収が減少した場合には、その減収分に見合うだけの歳出を減らさなければなりません。良くも悪くも税収の増減がそのまま財政に影響を与えることになります。

③ またデメリットとは言えませんが、財源に余裕があると過信し、不要な投資や事業内容の精査が甘くなり、無駄な支出が増える可能性があります。更に不交付団体の場合は交付税がないだけでなく、例えば学校耐震化工事などの国や県から補助金が出る事業でも、交付団体に比べると補助率が低くなります。『財政力指数』が１を大きく超えている場合は問題ありませんが、１ぎりぎりの場合には、対象の補助事業がどの程度あるかによって異なりますが、補助事業の補助金が少なくなり、場合によっては交付団体が有利になる

---

1 『三芳町ホームページ』「三芳町の財政白書」

http://www.town.saitama-miyoshi.lg.jp/town/chosa/documents/23zaiseihakusho01.pdf

（最終閲覧 2018/10/27）

可能性もあります。

上記①②は、不交付団体の増減収は 100%財政に影響を与えるということです。一方、交付団体は税収が減ると、地方交付税交付金が増えるので、不交付団体ほど影響がありません。税収減でも国からの補填があるから、甘い財政運営に陥っている、という批判もあります。

埼玉県和光市の松本武洋市長も、自身のブログに、**なぜ『不交付団体』なのに財政が苦しいのか**[1]という記事を記載しています。

和光市は地方交付税の不交付団体です。

不交付団体とは、単純に言うと税収だけで基本的な市の事業をこなせる、と総務省の計算上認定された団体です。

平成 21 年度を閉めた時点で不交付団体は 74 市町村と東京都の 75 団体(基準となっているのは平成 19～21 年度の決算数値)。

20 年度は 151 市町村と東京都でしたから、半減しています。

単純に考えれば、日本で最も裕福な 75 団体と見ることもできます。しかし、実際には多くの不交付団体がこの景気後退により塗炭の苦しみを味わっています。

最大の要因は税収が減ったらそのまま歳入が減るということです。

和光市の場合、平成 18 年度の税収は約 143.3 億円、19 年度は約 148.5 億円でした。20 年度は 147.4 億円です。ところが、21 年度はリーマンショック以後の景気後退の波をもろにかぶって 140.6 億円、22 年度の予算は手堅く見積もってはいるものの、132 億円を予定しています。

また、地方交付税の交付団体は税収が減ると地方交付税が増えるので、景気後退の影響はあまりありません。

さらに、民主党政権になって以来、1.1 兆円の財政措置が自治体

---

1 『和光市市長　松本たけひろオフィシャルウェブサイト』「なぜ『不交付団体』なのに財政が苦しいのか」
https://ameblo.jp/takeyan/entry-10692234334.html
(最終閲覧 2018/10/27)

にはありましたが、不交付団体である和光市が恩恵を受けること
はできませんでした。

さらに、不交付団体には懲罰的な多数の不利益措置があります。
(あまりの仕打ちに驚かれると思います。そもそも地域間の財源
調整は地方交付税で行われているのです。その上に、国も県も、
不交付団体にはさまざまなペナルティを課しているのです。この
点、いくら窮状を訴えてもなしのつぶてです)

では、歳入が減った穴はどう埋めるのかというと、歳出を減らす
か借金をするか、貯金を取り崩すしかないのです。

それでもたくさんの貯金があれば、あるいは借金がごくごく少な
ければ景気回復までそれを原資に乗り切ろうという選択肢もあ
ります。しかし、和光市の場合、それも限界近くに来ています。
景気後退時に、なぜ不交付団体は特別に苦しいのかをご理解いた
だけたでしょうか。

そもそも、不交付団体の経営においては、税収にゆとりがあると
きにある程度の蓄えをしておき、不況に備えなければならないも
のなのです。その備えが無い以上、事業の縮小や料金の値上げを、
好む、好まざるは関係なく実施しなければ市は成り立ちません[1]」

市民A「ギリギリの不交付団体ってメリットないじゃないか」

私「残念ながら現在の地方交付税制度ではメリットは名誉しかない
と言っても過言ではないと思います。自治体が努力する気持ちさえ
失わせてしまっています。

---

[1] 参考資料『和光市ホームページ』「不交付団体が抱える問題と和光
市の現状
http://www.city.wako.lg.jp/var/rev0/0070/8881/2010101510021.p
df (最終閲覧 2018/10/27)

実は市川市議会でも、過去に何度も『交付団体のメリット・デメリット』について質問が出ています。以下、少し長いのですが、市川市議会会議録を記載します。

【平成 17 年 9 月 16 日　永池一秀財政部長（抄）】[1]
　　地方交付税の不交付団体としてのメリット、デメリットについての 3 点のご質問にお答えいたします。
ご質問の本市が不交付団体となっていることのデメリットでありますが、まず、不交付団体に対しては国の補助制度の中での取り扱いが異なる場合があります。一例を申し上げますと、16 年度の 2 月補正の繰越明許費や 17 年度当初予算に計上させていただいております小中学校の耐震補強工事の財源であります学校施設整備事業補助金は、通常 3 分の 1 のところ、財政力指数が 1 を超える不交付団体であることから、補助率が 7 分の 2 とされております。また、交付税措置ということで、市債の元利償還金が基準財政需要額に算入されるもの、例えば学校や下水道などの施設整備にかかわる市債、あるいは減税補てん債などになりますが、交付団体は交付税で償還財源に充てることができますけれども、不交付団体の本市は全額自己財源で償還するということになります。また、三位一体の改革による国庫補助負担金の一般財源化でも、交付税措置というふうにされる場合も、本市は自己財源で対応する、このようになってまいります。こうしたことは、交付団体に比べまして不交付団体は財政状態がよいという考え方からでありましょうが、市税収入の大幅な伸びが期待できない中、不交付団体の本市にあっても、多くの市民要望、さらに行政課題

---

[1]　『市川市ホームページ』「市議会会議録」

http://www.city.ichikawa.lg.jp/cgi-
bin/kaigi.cgi?filename=kaigi_050916.txt&count_c=95

（最終閲覧 2018/10/27）

に対応していかなければならないということは交付団体と何ら変わりがなく、また、地方交付税制度の大きな役割が地域による税収の偏在を調整するものであるということなどを考えますと、交付団体と不交付団体とで財政上の取り扱いに差が設けられることは納得できないものを感じるところでありまして、不交付団体に対する補助率の割り落としや交付税措置のような不合理な財政措置があることについては、市にとりましても、あるいは市民にとりましてもデメリットではないかな、このように感じているところであります。

（中略）

　次に、近隣の交付団体と比較して、不交付団体であることにメリットがあると考えているかということでありますけれども、近隣の交付団体といたしましては、船橋市、松戸市がありますけれども、中核市の船橋市は別といたしまして、人口規模や面積、あるいは予算規模が同程度で、平成 8 年度から交付団体となっております松戸市と比較をしてみますと、本年度の普通交付税の状況を見ましても、本市は基準財政需要額 507 億 7,000 万円で、基準財政収入額の 552 億 9,000 万円より約 45 億 2,000 万円少ないことから、普通交付税が不交付となりましたが、逆に松戸市は需要額が 559 億 5,000 万円で、収入額が 517 億 4,000 万円と、需要額が約 42 億 1,000 万円多く、本年度も松戸市は交付団体となっているところであります。これは、松戸市の方が積算の基礎となります国勢調査人口が多く、また、市域の面積も広いこと、それに市立高校があることなどから、松戸市の需要額が本市より約 51 億 8,000 万円多くなっているのに対しまして、収入額では、逆に本市の方が市民税所得割で約 31 億 9,000 万円多いことなどから、収入全体では 35 億 5,000 万円多くなっていることなどが挙げられます。普通交付税の算定では、ご案内のとおり基準財政需要額について、国が定めた計算方法、人口、あるいは面積などの測定単位に単価と補正係数を乗じてという形で画一的、機械的

に計算することで、全国どの市町村でも必要と考えられる市民生活に密着した標準的な行政サービスに係る経費を算定するのに対しまして、そのための財源として算定する基準財政収入額については、当該団体の市税等の収入見込み額が用いられております。したがいまして、このような形になったものでございます。地方交付税制度は、地方団体間の財源の不均衡を調整し、どの地方団体も一定の行政水準を維持しようというものでありますから、不交付団体であることそのもののメリットは考えておりませんが、そこから波及して出てくる不合理な財政上の取り扱い、先ほど申し上げました例がそうでありますが、そのようなデメリットはあるものと考えているところでございます。

　以上でございます。

【平成 24 年 9 月 26 日　川上親徳財政部長（抄）】[1]
　不交付団体になったことでどのような不利益が生じるかでありますが、基本的には今までも不交付団体でありますので、大きな変化はございませんが、主なものを何点か申し上げますと、1つ目としては、国や県からの交付金におきまして、交付団体の場合は交付率がかさ上げされて優遇されているものがございます。逆に不交付団体ではこれが適用されず、不利な扱いになっているわけであります。具体的には小中学校のトイレ改修工事の特定財源で学校施設環境改善交付金というのがありますが、不交付団体では補助率が 7 分の 2、28.6％でありますけれども、交付団体では補助率が 3 分の 1、33.3％にかさ上げされておりまして、4.7ポイントも不利になっております。本市では今年度、トイレの改

1　『市川市ホームページ』「市議会会議録」

http://www.city.ichikawa.lg.jp/cgi-

bin/kaigi.cgi?filename=kaigi_120926.txt&count_c=145

（最終閲覧 2018/10/27）

修工事につきましては、小中学校 7 校を予定しておりまして、特定財源、交付金としまして約 8,950 万円を予算計上しておりますが、もし本市が交付団体であった場合は約 1 億 440 万円交付されることになりますので、影響額は約 1,500 万ということになります。

　2 点目としましては、不交付団体では臨時財政対策債の発行が平成 24 年度をもって廃止されますが、交付団体の場合は引き続き発行が可能となります。24 年度予算では約 11 億円の発行を予定しておりますが、来年度、25 年度当初予算では、この活用ができなくなるわけであります。

　3 点目としまして、平成 22 年度から 24 年度までの時限措置として実施されております公的資金の繰り上げ償還につきましては、3 カ年平均の財政力指数が 1.0 未満となる団体は引き続き繰り上げ償還が可能となりますが、本市では、これが適用されないことになります。もしこれが適用されるというふうになった場合は、現在利率が 7.1％のものが 6 件、2 億 2,000 万円ありますが、これが繰り上げ償還可能となります。繰り上げ償還を行った場合は後年度の利子負担が軽減されることになりまして、この影響額については約 1,700 万円というふうになるものでございます。このように、交付団体と比べると不交付団体には財政運営上さまざまな取り扱いの差があるのが現状でございます。

【平成 26 年 9 月 26 日　林芳夫財政部長（抄）】[1]
　私からは、財政・税務行政の 2 点の御質問にお答えいたします。

1　『市川市ホームページ』「市議会会議録」
http://www.city.ichikawa.lg.jp/cgi-
bin/kaigi.cgi?filename=kaigi_140926.txt&count_c=163
（最終閲覧 2018/10/27）

まず、地方交付税に関する市の考え方と対応についてでありますが、御案内のとおり普通交付税の算定は、個人市民税の所得割における納税義務者数や市の人口、道路の延長面積、小中学校の学校数や学級数、都市公園の面積などの自治体の基礎的数値などをもとに国が示した単位費用を乗じるなど、国において統一的に示された算定方式に基づき、自治体の客観的な数値をもとに算定することとなっております。

　そこで、平成25年度に近隣自治体の船橋市、松戸市、柏市では50億円から80億円の多額の交付税を受けている中で、本市はどのような理由で交付されていないかについてであります。平成26年度の算定結果で申し上げますと、まず、歳入に当たる基準財政収入額について、主な項目を本市と比較してみますと、市税のうち最も大きな割合を占める個人市民税の比較では、住民1人当たり本市の約5万8,000円に対して船橋市が約5万2,000円、松戸市と柏市が約5万円となっており、本市のほうが6,000円から8,000円ほど高くなっております。また、次に大きい固定資産税におきましても、1平方キロメートル当たり本市の税額が約3億5,700万円に対しまして、船橋市が約2億9,300万円、松戸市が約2億8,300万円、柏市が約1億5,200万円となっており、近隣市より高くなっております。このように本市のほうが個人市民税においては比較的所得の高い方が多く居住していること、固定資産税の土地においては、東京に隣接していることやＪＲ総武線沿いの立地面などの利便性から、地価が高く、基準財政収入額が近隣市に比べ高い算入額となっております。

　次に、歳出に当たる基準財政需要額の主なものにつきましては、算定の基礎となる測定単位で比較してみますと、人口では、柏市は本市より約7万人少ない状況でありますが、船橋市は約14万人、松戸市では約1万人多くなっており、また、面積でも本市の約57平方キロメートルに対しまして、船橋市が約28平方キロメートル、松戸市が4平方キロメートル、柏市が約57平方キロ

115

メートル、それぞれ大きい状況であります。公立病院の病床数などをもとに算定される保健衛生費では、本市のリハビリテーション病院の100床に対して船橋市では349床、松戸市が711床、柏市が100床それぞれ多く、さらに、本市では設置していません市立高等学校が船橋市と松戸市、柏市にはあり、これに加えまして、船橋市、柏市は中核市であり、保健所に関する経費なども需要額に算入されております。

　総合的に見てまいりますと、本市は近隣市に比べ所得割や地価などが高いことから、基準財政収入額の算入額が高い一方で、基準財政需要額では保健衛生費や公債費などに係る需要額が他市に比べ低くなっており、その結果、本市は不交付団体となっているものであります。

　次に、現状の交付税制度をどのように改善すれば多くの自治体が納得する制度となるかについてでありますが、現状の交付税制度につきましては、各自治体でさまざまな意見があるところでありますが、私どもにおきまして全てを把握していないことから、交付団体から不交付団体になったことで生じる不利益につきましてお答えいたします。例を挙げますと、国や県からの交付金において、交付団体の場合は補助率のかさ上げがされておりますが、不交付団体ではこれが適用されなくなることや、臨時財政対策債につきましても発行ができなくなること、また、特別交付税が減額されることなどがございます。また、財政指数的な面から見れば、普通交付税と臨時財政対策債については、経常収支比率の算定の際に経常一般財源に加算され、経常収支比率を低減させる効果があったものが、不交付団体ではこのようなことがなくなるなど、交付団体と不交付団体を比べると、財政運営上のさまざまな面で取り扱いに差が生じるものであります。　次に、制度の見直しについて国に対してどのような働きかけを行っているかについてでありますが、私どもといたしましては、不交付団体と交付団体の不均衡につきましては、機会があるたびごとに国に対して

116

要望しております。今年度につきましても、地方交付税法に基づく意見申し出制度を活用し、算定方法にかかる改正について千葉県を通じて総務省へ要望を行っております。具体的な内容を申し上げますと、後年度に基準財政需要額に理論的に算入されることになっているにもかかわらず、不交付団体においては財政的な補填措置が講じられていないため、制度の見直しについて要望しているところであります。今後につきましても、引き続き千葉県等を通じて国に対して働きかけを行ってまいりたいと考えております。

　次に、<u>普通交付税を受けるためには何を改善すれば可能になるか、</u>についてであります。不交付団体から交付団体になるためには、基準財政収入額が小さくなるか、基準財政需要額に算入される経費を増加させていく必要があります。まず、基準財政収入額の減がありますが、市民税や固定資産税が減収になってしまうことが考えられます。しかし、市税の減収ともなれば財政運営に大きな影響を及ぼすことを考えますと、この点についてはあってはならないものと考えております。

　次に、基準財政需要額を増加させることにつきましては、算定に用いる基礎数値が人口や面積などが多く、自治体の裁量が働かないものが多くなっておりますが、例えば、道路の延長を延ばすことや都市公園の面積をふやすことにより需要額の増加につながるものであります。また、公債費の公害防止事業債では、主に下水道事業などの元利償還金の2分の1が算入されることとなっており、都市計画道路や外環道路の完成後に下水道事業の積極的な事業展開などにより基準財政需要額を増加させることが可能であると考えておりますが、他の交付税算定費目でも同様に基準財政需要額を増額させるには莫大な投資が必要であることを考えますと、一気に基準財政需要額を増加させることは現実的ではなく、御質問者がお尋ねのような究極の処方箋的なものはないものと考えております」

117

私「財政力指数 1 を少し上回ったレベルでの不交付団体が長期化している市川市や三芳町、和光市等は一番デメリットが大きく、努力をしても、ルールがおかしいため努力が報われていません。

　浦安市のように 1 をかなり上回り、年によっては減収となっても貯金の取り崩し等多様な調達方法を持ち、財政をコントロールできる自治体は問題ないでしょう。

　一方、財政力指数 1 を下回る自治体は、財政赤字が拡大しても国が補填してくれる仕組みになっているので、ガツガツと行政サービスを削るようなことはしなくても済みます」

市民A「財政力指数 1 近辺の黒字自治体は、景気悪化で歳入が減少するとその影響を 100％受け、自前で歳入を増やすか歳出を切り詰めなければいけない。

　財政力指数 1 をかなり上回る自治体は余裕があるので、歳出を切り詰める必要性が低い。

　財政力指数 1 を下回る赤字自治体は国が補填してくれるので、1 近辺の黒字自治体ほど歳出を切り詰める必要性はない。

　なんかおかしいよな。市川市ってばかみたいなポジションにいる。1 をかなり上回ることはできないし、1 を下回る覚悟もない。そこそこの優等生がピカピカにもなれない、名誉も捨てきれないような状態だな。

　市議会で不交付団体が交付団体になる方法を質問し、財政部長が『普通交付税を受けるためには何を改善すれば可能になるか』と、財政を悪化させることを『改善』と言わざるを得ない状態はまともと言えるのか？この制度だめだよ、おかしいよ」

私「元市川市長の千葉光行氏も著書『市長からの手紙』[1]の中で、

---

[1] 千葉光行著『市長からの手紙』　株式会社ぎょうせい　平成 21 年 4 月 10 日

『地方交付税は抜本的な制度の見直しもされないまま、今日まできています。国民は何処の自治体に住んでいても、等しいサービスを受ける権利があり、自治体間の財政の均衡をとるための制度を否定するものではありません。しかし、国の算定式が非常に難しく市民には分かりにくく、また、改革などに積極的に取り組んで自助努力をしている自治体と、そうでない自治体が同じように交付税を受けるというのも、なにか割り切れない気持ちです。（略）頑張った自治体になにかインセンティヴを与える仕組みは必要であろうと思いますし、それが私の持論でもあります』と述べられています」

市民Ａ「全くその通りだな」

私「そんな微妙な立ち位置の市川市に属している行徳市民は、さらに過酷な状態に置かれていることに気が付かなければいけません。以下は、行徳市民のおかれている状態です。

① 行徳と市川市本土を合わせた市川市は不交付団体であり、地方交付税制度で割り負ける１番苦

② デメリットの多い不公平な扱いをされる財政力指数 1.0 近辺の財政黒字である市川市に属する２番苦

③ 本当にいいことなのか悪いことなのか評価が定まらない市川市のギリギリ財政黒字を維持するために、行徳のピカピカクラスの財政黒字を市川市本土の赤字補填に使用される３番苦

④ 市川市本土の赤字補填に使用された結果、本来得られたはずの行政サービスを受けられず、割高な代替サービスで追加の自己負担を行う４番苦

という４重の苦しみにがんじがらめにされています。多重不利益市民、多重苦市民と言えるでしょう。

　ここで注意してほしいのは、行徳市民は４番苦ですが、市川市本土市民は２番苦までで済んでいます。行徳市民ほどの多重な苦しみを味わっていません。

119

行徳は独立すれば、財政力指数が 1.27～1.33 になると予測されるので、2 番苦から解放され 1 番苦までで済むわけです。市川市本土は、財政力指数が 0.93～0.96 になると予測されるので、交付団体となり 1 番苦からも解放されます。

財政黒字を維持するメリットが名誉ぐらいしかない状態で、行徳市民の犠牲の上に、行徳市民の税収を使用し、行徳市民に追加の経済的負担を強いてまでして、市川市本土の財政赤字を埋め合わせする理由が見当たりません。結果だけ考えると一体何をしているのかわかりません。

誰も悪意をもって仕組んでいるわけでないのですが、行徳と市川市は最悪の組み合わせと言えます。行徳にとって本当に不幸な状態になっているのです。

地方交付税制度自体の良しあしを、市川市内だけで議論してもあまり意味がありません。全国民的な問題であり、コンセンサスを得るのには時間がかかるものだし、実際過去数十年、抜本的な解決ができていません。

ただ、国土全体の均衡ある発展論は、理想として持っていてもいいですが、現実は限界にきており、経済的に強い地域の力を奪いとる効果しかなく、日本全体の成長力を削ぐことにつながりかねない懸念は持っておくべきでしょう。

行徳市民、市川市本土市民に対して言えるのは、現制度が今後も続くことを認識し、うまく活用することを考える、特に行徳市民は 4 重の苦しみから解放される方法を実行する、ということです。

独立することで背負わされすぎの負担を軽減するのか、市川市のまま自らの生活を犠牲にして我慢を続けるのかは、行徳市民自身で決めなければいけません。人任せで改善してくれるような類の話ではありません」

5. 不交付団体のメリットを享受できる組織

市民A「さっきから言いたくてムズムズしていたんだけど、財政力指数 1 ギリギリでも黒字ならメリットを受けることができる組織があるじゃないか。

　誰かって？市川市の公務員だよ。第5章でも触れたけど、市川市の公務員給与は県下一高く、千葉光行市長時代から問題になっており、十数年経っても改善されていない。

　『市長からの手紙』でも『給与の水準も国家公務員を 100 としたラスパイレス指数で 106.3、県内第2位（平成 10 年度）であります。失業や賃金カットで苦しい生活をしている市民も多くいるなかで、市職員の数や給与水準がそのままというのは納得できない、というのが市民の率直な声ではないかと思います』と書いている。

　平成 29 年度ラスパイレス指数も、実質県内第1位、全国第4位だもんな。財政力指数 1 を維持できている豊かな自治体だから、そこで働く公務員の給与が高くてもいいよね、という考えを持っていても不思議ではないよ」

私「そのとおりですね。財政はギリギリでも黒字ですから、公務員給与を引下げる必要性が低いと言えます。例えアクションを起こしていても、切迫感がないから本気度が弱いのですよ」

市民A「行徳市民の犠牲の上に、市川市の公務員給与高止まりが成立している」

私「さらに給与水準だけでなく、市役所全体のモチベーションアップにもつながると思います。三芳町の資料に『財源に余裕があると過信し、不要な投資や事業内容の精査が甘くなり、無駄な支出が増える可能性がある』とありましたが、その通りだと思います。

　市川市の委員会を何度か傍聴したのですが、総合計画審議会で民間

の一般委員が『歳出ばかりに力点を置かずに、もっと歳入が増えるように、国や県の支出金や補助金を研究したらどうか』という趣旨の発言をしていましたが、全く同感です。程よい赤字になることで公務員にも緊張感が出てくるのではないかと思います」

市民Ａ「市川市公務員も殿様行政じゃなくて、もっと貪欲に国や県の支出金、補助金を狙って、市民のために使えるお金を増やす努力をすべきだ。

　本来、国や県の支出金、補助金対象事業として申請できるにもかかわらず、財政にひっ迫感がないため、職務怠慢的に申請しない、もしくは申請対象であることに気が付かないような状態に、変化が出ることを期待するよ」

私「補助金は補助を受ける側が制度を熟知して、タイムリーに申請することで実現するものです。補助金を提供する側が、どうぞ受け取ってください、是非申請してください、と差し出すような補助金は存在しません。市川市役所で補助金申請を見逃してしまった、本来なら補助金が得られたにもかかわらず一般財源で負担してしまった、という事象は、残念なことに市民では判断がつきません。そこまで精通した市民はいないので、公務員のプロ意識向上にかけるしかないのです」

市民Ａ「知人の浦安市公務員が言っていたけど、千葉県の公務員会合に行くと、市川市は千葉市に次ぐ有力自治体として結構偉そうにしているらしいよ。浦安市なんかちっぽけな自治体だ、と馬鹿にして、まともに話すらしてくれないらしいぜ。

　そんなつまらないプライドがあるから市川市はダメなんだよ。浦安市は財政が豊かであるにもかかわらず、国や県からの補助金を貪欲に申請するっていう泥臭いことやっているらしいぜ」

私「まあ、市川市の公務員も殿様行政と言われると心外だと思うので、

122

この辺で終わりにしましょう」

6. 松戸市、船橋市の財政力指数

私「本書では主に近隣3市（浦安市、松戸市、船橋市）との財政比較を行ってきました。浦安市の財政力については驚きの連続で、全く別次元となっています。一方で、松戸市、船橋市はかなり厳しい状況に陥りつつあり、心配になります。以下では松戸市、船橋市の財政状態について詳しく見てみます。

　図表 6-7 で各市の年齢別人口および比率、図表 6-8 で各市の財政状態を表しています。重要な数値は生産年齢人口比率で、千葉県内のベットタウン都市では、生産年齢人口比率 60% 台後半付近を下回ると、財政力指数が 1 未満となり、交付団体入りする傾向にあります。

図表 6-7　近隣市町村比較 1

平成24年10月基準	行徳	市川市本土	市川市全体	浦安市	松戸市	船橋市
人口（人）	150,165	307,652	457,817	162,109	486,537	615,126
生産年齢人口（人）	110,142	203,217	313,359	114,550	319,411	403,511
生産年齢人口比率	73.35%	66.05%	68.45%	70.66%	65.65%	65.60%
65歳以上人口（人）	19,509	65,514	85,023	21,674	104,518	127,209
65歳以上人口比率	12.99%	21.29%	18.57%	13.37%	21.48%	20.68%

平成28年10月基準	行徳	市川市本土	市川市全体	浦安市	松戸市	船橋市
人口（人）	162,605	317,965	480,570	166,116	491,741	630,349
生産年齢人口（人）	116,991	205,469	322,460	115,352	310,479	399,484
生産年齢人口比率	71.95%	64.62%	67.10%	69.44%	63.14%	63.38%
65歳以上人口（人）	24,678	74,089	98,767	27,069	121,589	146,682
65歳以上人口比率	15.18%	23.30%	20.55%	16.30%	24.73%	23.27%

図表 6-8　近隣市町村比較 2

単位：千円

平成24年度	市川市全体	浦安市	松戸市	船橋市
財政力指数（過去3年平均）	1.03	1.49	0.89	0.94
基準財政収入額①	58,479,491	30,837,409	52,289,003	70,831,881
基準財政需要額②	58,519,275	21,175,671	59,409,112	76,454,148
差額①‐②	▲ 39,784	9,661,738	▲ 7,120,109	▲ 5,622,267
財政力指数（単年度）①/②	1.00	1.46	0.88	0.93
標準財政規模	77,538,887	41,552,575	82,037,919	105,594,960
臨時財政対策債発行額	1,244,400	0	6,600,000	5,921,800
臨時財政対策債期末残高	21,412,156	0	46,792,081	51,981,958
その他区分の赤字市債残高	32,212,124	不詳	54,741,047	65,929,687
地方債残高	68,309,195	18,214,823	92,220,139	120,058,831
地方交付税交付金	39,784	0	7,120,109	5,622,267
積立金現在高	17,652,029	27,781,184	10,264,816	24,926,852
うち財政調整基金	8,318,065	14,937,096	7,569,165	18,430,359
実質収支比率（%）	2.1	5.0	8.0	5.2
経常収支比率（%）	95.6	83.8	90.0	92.6

平成28年度	市川市全体	浦安市	松戸市	船橋市
財政力指数（過去3年平均）	1.03	1.52	0.90	0.96
基準財政収入額①	64,358,514	33,153,290	57,075,525	79,532,259
基準財政需要額②	60,694,484	21,800,741	63,136,607	82,624,446
差額①‐②	3,664,030	11,352,549	▲ 6,061,082	▲ 3,092,187
財政力指数（単年度）①/②	1.06	1.52	0.90	0.96
標準財政規模	83,307,501	43,826,839	84,692,680	110,392,262
臨時財政対策債発行額	0	0	5,190,000	4,800,000
臨時財政対策債期末残高	17,881,659	0	61,893,339	60,115,167
その他区分の赤字市債残高	22,165,982	143,468	65,650,031	65,988,864
地方債残高	57,979,416	24,238,420	114,104,105	159,099,307
地方交付税交付金	0	0	6,009,142	3,024,216
積立金現在高	27,115,849	33,484,178	21,492,368	21,665,669
うち財政調整基金	15,190,320	10,939,765	14,250,762	17,175,132
実質収支比率（%）	4.6	14.3	6.8	2.4
経常収支比率（%）	91.8	85.1	93.3	96.6

平成 24 年度（民主党政権最後の年度で最も税収が落ち込んだ年度）
は、両市の生産年齢人口比率が 65％台で、財政力指数は松戸市 0.89、
船橋市 0.94、地方交付税交付金は松戸市 71 億円、船橋市 56 億円と
なっています。

　平成 28 年度は、両市の生産年齢人口比率が 63％台になり、財政力
指数は松戸市 0.90、船橋市 0.96、地方交付税交付金は松戸市 60 億
円、船橋市 30 億円となっています。平成 24 年度に比べると改善して
いますが、景気がたまたまよかっただけ程度に考えていた方が無難で、
財政が好転しているとは言えません。現状を見る限り、両市の不交付
団体への復活可能性は難しい状況です。

　参考までに、平成 18 年度の年齢別人口および比率を見ると、船橋
市は生産年齢人口比率 70％で、不交付団体でしたが、松戸市は 69％
台で既に交付団体でした。

図表 6-9　近隣市町村比較 3

平成18年10月基準	行徳	市川市本土	市川市全体	浦安市	松戸市	船橋市
人口（人）	149,564	305,931	455,495	153,529	470,575	565,698
生産年齢人口（人）	114,660	212,943	327,603	113,353	325,977	396,428
生産年齢人口比率	76.66%	69.60%	71.92%	73.83%	69.27%	70.08%
65歳以上人口（人）	13,690	53,028	66,718	15,065	79,900	93,543
65歳以上人口比率	9.15%	17.33%	14.65%	9.81%	16.98%	16.54%

　松戸市、船橋市の数値から市川市本土について考えてみます。平成
18 年度市川市本土の生産年齢人口比率は 69％台で、松戸市、船橋市
とほぼ同水準でした。松戸市が交付団体であったことから、市川市本
土もこの時点で交付地域となっていた可能性があります。

　その後は、平成 24 年度市川市本土 66％台に対して、松戸市、船橋
市は 65％台、平成 28 年度は市川市本土 64％台に対して、松戸市、船
橋市は 63％台で、ほぼ同じようなピッチで低下してきています」

125

市民Ａ「ということは、行徳から市川市本土への流出額は半端じゃないわけだ」

私「さらに、行徳と市川市本土の生産年齢人口比率の差が、平成18年度7.06％、平成24年度7.30％、平成28年度7.33％と拡大傾向にあります」

市民Ａ「流出額は毎年大きくなっているわけだ」

私「最後に赤字地方債である臨時財政対策債について触れておきます。臨時財政対策債は、国の地方交付税交付金の財源が不足していることから、支払いを先送りするために設けられた地方債です。返済原資は将来の地方交付税交付金なのですが、国の財政を考えると本当に支給されるのか非常に疑わしい状況です。松戸市、船橋市市民は臨時財政対策債残高が650億円を超えていることについて危機感を持つべきです。ちなみに、市川市はこの臨時財政対策債を着々と返済しており、平成28年度末で178億円にまで減らしています。浦安市はもちろんゼロです」

126

第7章

行徳の政治

私「行徳の政治について考えていきます。行徳の政治は日本全国、周辺自治体、市川市本土のどれと比較しても非常に危機的な状態に陥っています。民主主義制度が崩壊しているレベルです。

　行徳市民の間では

　　　① 基礎自治体である市川市の政治に対する無関心

　　　② 無関心の結果発生している不利益、不公平

　　　③ 不利益、不公平に気が付いてすらいない

の 3 つが常態化しています。都市周縁部のもつマイナス面が色濃く出ており、日本全国探しても、同じような例はないと思われます。以下ではその惨状を示していきます」

1. 市川市議会議員選挙

私「行徳市民が投票する選挙は、市川市議会議員選挙、市川市長選挙、千葉県議会議員選挙、千葉県知事選挙、参議院議員選挙、衆議院議員選挙です。

　中でも危機的な状態にあるのは、最も身近で生活に係る度合いが大きい市川市議会議員選挙と市川市長選挙です。

　まずは市議会議員選挙から見ていきます。市川市議会は定数 42 人ですが、行徳出身の議員は何人だと思いますか？市川市議会議員選挙は大選挙区制で立候補者のうち得票上位 42 人が当選します。直近平成 27 年 4 月は 60 人が立候補しました」

市民A「人口比率で市川市 48 万人のうち行徳に 16 万人住んでいるわけだから 3 分の 1 の 14 人かな。でも 14 人もいないんじゃない？」

私「平成 28 年 7 月 1 日現在の議員名簿に記載されている住所で判断すると、行徳出身の市議会議員は 9 人です。42 人のうち 21% しか占めていません」

市民Ａ「人口比率基準 14 人より 5 人も少ないのか。42 人の中で 5 人の差はかなり大きいよね」

私「しかも、その 9 人の当選順位は、2 位、3 位、7 位、8 位、28 位、33 位、37 位、41 位、42 位と上位よりも下位で当選した議員が多いので、安定した選挙基盤があるとは言えません」

市民Ａ「そうだな。様々な事情を考慮しなければならないけど、行徳は選挙に弱いと言えるな。41 位、42 位ということは、ちょっとした差で落選していた可能性もある訳だ」

私「この 9 人の得票数は合わせて 24,769 票、有効投票数 129,314 票の 19.15％です。
　次に投票率を見てみましょう。市議会や市長選挙の投票率低迷が全国的に問題視されていますが、行徳においてもその傾向がより強く出ています。行徳の投票所全体の投票率は 29.02％です。対して、市川市本土の投票率は 38.11％です。10％近い差があります。

図表 7-1 市川市議会議員選挙投票率（平成 27 年 4 月）

単位：人

	投票者数	有権者数	投票率（％）
行徳	35,603	122,664	29.02％
市川市本土	96,061	252,086	38.11％
市川市全体	131,664	374,750	35.13％

市民Ａ「10％近い差があるのか。市川市本土の 38％台も決して褒められた数字じゃないけど行徳は 30％割れか」

図表 7-2　市川市議会議員選挙投票者数率（平成 27 年 4 月）

	行徳	市川市本土
有権者数比率	32.73%	67.27%
投票者数比率	27.04%	72.96%

私「行徳と市川市本土の有権者数比率は、ほぼ 1 対 2 であるにもかかわらず、投票者数比率が 1 対 2.7 になり、議員数比率が 1 対 3.7 となっています」

市民 A「かなり深刻な状況だな」

私「投票所毎の状態を見てみましょう。市川市内には投票所が 78 ケ所あるのですが、行徳の投票所は 23 ケ所で 20%台後半の投票率が最も多くなっています。ちなみに行徳で一番低い投票率の投票所は富美浜地域ふれあい館（東西線南行徳駅と行徳駅の間の高架下にある投票所。区域は欠真間 2 丁目、相之川 3、4 丁目）の 23.16%で、最も高い投票所が塩浜小学校の 43.52%です。
　対して市川市本土で投票率 20%台の投票所はありません。30%台、40%台が中心になっており 50%を超える投票所もあります。最も低い投票率は田尻自治会館の 30.78%で、最も高い投票率は大町第二団地集会所の 50.87%でした。南部の総武線沿線の投票率は 30%台前半、北部は 30%台後半〜40%台で 2 層構造になっています」

図表7-3 市川市議会議員選挙投票所毎投票率（平成27年4月）

単位：ケ所

投票率	行徳	市川市本土
50％台	0	1
40％台	1	21
30％台	6	33
25％以上～30％未満	13	0
20％以上～25％未満	3	0

市民A「行徳市民は市議会に対して期待していないのかな？確かに新市民にとっては立候補者がどういう人かさっぱり分からないという事情はあるけどな」

私「新市民原因説を検証してみましょう。行徳と同じく新市民の多い浦安市の状況を調べてみました。直近の平成27年4月の市議会議員選挙では、定数21人に対して35人が立候補しています。投票率は38.89％と市川市本土並みの投票率となっており、行徳と比べると10％近く高くなっています」

図表7-4 浦安市議会議員選挙投票率（平成27年4月）

単位：人

	投票者数	有権者数	投票率（％）
浦安市	48,310	124,220	38.89%

　私「次に投票所毎の投票率を見てみましょう。30％台、40％台が多く、最高投票率は53.22％、最低投票率は27.39％です。

図表 7-5　浦安市議会議員選挙投票所毎投票率（平成 27 年 4 月）

単位:ケ所

投票率	浦安市	行徳	市川市本土
50%台	3	0	1
40%台	10	1	21
30%台	14	6	33
25%以上～30%未満	4	13	0
20%以上～25%未満	0	3	0

　浦安市は 3 つの地域に分かれています。旧浦安町時代からの漁師町だった元町地域（浦安駅周辺）、第一期埋め立て事業でできた中町地域（浦安市役所周辺）、第二期埋め立て事業でできた新町地域（新浦安駅周辺）です。

　新市民が多いのは中町地域と新町地域ですが、中町地域投票所 11 ケ所の平均投票率は 44.64%、新町地域投票所 8 ケ所の平均投票率は 42.36%となっています。一方、元町地域投票所 12 ケ所の平均投票率は 32.63%と一番低いのは意外な感じがします」

市民A「そうだな、新市民が多い地域の方が投票率は高いんだ。投票率 20%台も 30%台もどちらも低いことに変わりがないが、少なくとも浦安市民は行徳市民より身近な政治に関心を持っているぞ」

私「浦安市の事例を考慮すると、新市民原因説が主因であるとも言えません。行徳はなぜ投票率が低いのか、というテーマだけで一冊の本が書けるかもしれませんが、原因追求は別の機会に譲ることとします。ただ、行徳の投票率が異常に低いことだけは事実です」

2. 市川市長選挙、その他の選挙

私「市川市長選挙になるともっと悲惨な選挙があります。平成25年11月の市長選の投票率は市川市全体で21.7%という超低投票率だったのですが、中でも行徳の低投票率が目立ちます」

図表7-6 市川市長選挙投票率（平成25年11月）

単位：人

	投票者数	有権者数	投票率（%）
行徳	20,814	121,876	17.08%
市川市本土	60,452	252,532	23.94%
市川市全体	81,266	374,408	21.71%

市民A「行徳は17.08%、悪夢の10%台かよ。選挙崩壊だな」
参考：総務省資料『政令指定都市市長選挙の歴代投票率ワースト5』[1]
ワースト第1位、昭和54年2月京都市長選挙16.13%。第2位、昭和50年2月京都市長選挙19.50%。第3位、平成5年10月神戸市長選挙20.43%。第4位、昭和56年10月神戸市長選挙20.48%。第5位、昭和60年10月神戸市長選挙22.44%

私「10%台の投票率は歴史的にもあまりないケースですね。この選挙は現職優位の無風選挙だったので、こんな結果になっているのですが、その前の平成21年11月の選挙は現職の引退に伴い、新人3人による三つ巴の大接戦を演じた選挙だったのですが、それでも行徳の低投票率が目立っています。この選挙でも行徳と市川市本土間で10%の差

---

1 『総務省ホームページ』「目で見る投票率」
http://www.soumu.go.jp/main_content/000365958.pdf （最終閲覧2018/10/27）

が出ています。候補者3人が市川市本土出身ということで盛り上がり
を欠いたことも原因と考えられます」

図表7-7 市川市長選挙投票率（平成21年11月）

単位：人

	投票者数	有権者数	投票率（%）
行徳	28,277	122,647	23.1%
市川市本土	84,218	252,885	33.3%
市川市全体	112,495	375,532	30.0%

市民A「投票率は選挙毎に上下するけど、行徳と市川市本土間の差が
10%近くあるのは変わらないな」

私「次に、平成25年市長選挙の投票所毎の状況を見てみましょう。
この選挙では市川市内77ケ所の投票所があったのですが、行徳の投
票所は23ケ所で、10%台後半の投票所が最も多くなっています。一
番低い投票率の投票所は富美浜地域ふれあい館の12.93%で、最も高
い投票所は塩浜小学校の21.71%です」

図表7-8 市川市長選挙投票所毎投票率（平成25年11月）

単位：ケ所

投票率	行徳	市川市本土
30%以上～35%未満	0	1
25%以上～30%未満	0	21
20%以上～25%未満	1	28
15%以上～20%未満	19	4
10%以上～15%未満	3	0

市民A「最も高い投票所で21.71%、最低が12.93%ってギネスブッ
ク級だね」

私「市川市本土も投票率 10%台の投票所が 4 ケ所（最低投票率は田尻自治会館の 17.51%）ありましたが、20%台が中心で 30%を超える投票所も 1 ケ所（大柏出張所 31.25%）ありました。市議会議員選挙同様、市川市本土南部地域の投票率は 10%後半〜20%台前半、北部に行くほど 20%台後半が中心になる 2 層構造になっています」

市民A「選挙に行く者の権利は守られるということを肝に銘じないと」

私「直近の平成 29 年 11 月市長選の結果を見てみましょう。この選挙は元衆議院議員 2 人、前県議会議員 1 人、前市議会議員 1 人、元市議会議員 1 人の知名度のある 5 人が立候補して激戦を繰り広げました。行徳の候補者も立候補しました。結果は、得票第 1 位候補の得票率が法定得票率である 4 分の 1 に達しなかったため、再選挙になりました」

図表 7-9 市川市長選挙投票率（平成 29 年 11 月）

単位：人

	投票者数	有権者数	投票率(%)
行徳	33,092	130,078	25.44%
市川市本土	88,032	263,737	33.38%
市川市全体	121,124	393,815	30.76%

図表 7-10 市川市長選挙投票所毎投票率（平成 29 年 11 月）

単位：ケ所

投票率	行徳	市川市本土
40%以上〜45%未満	0	2
35%以上〜40%未満	0	20
30%以上〜35%未満	1	26
25%以上〜30%未満	13	4
20%以上〜25%未満	7	3
15%以上〜20%未満	2	0
10%以上〜15%未満	0	0

市民Ａ「それでもこの投票率かよ。平成25年選挙の数値は上回るのは当然だとしても、平成21年の数値とあまり変わらないな。行徳の候補者がいたので、行徳の数値は2%程上昇しているけど、行徳、市川市本土間の差は8%もあるし、10%台が2ケ所もあるのか。寂しいな」

私「平成30年4月の市長選再選挙結果を見てみましょう。投票率は行徳、市川市本土、市川市全体で、初回選挙を3%ほど上回っていますが、行徳は30%に届いていませんし、市川市本土との差8%も縮まっておらず逆に拡大しています」

図表 7-11 市川市長選挙投票率 (平成 30 年 4 月)

単位：人

	投票者数	有権者数	投票率（%）
行徳	36,440	128,827	28.29%
市川市本土	96,382	262,174	36.76%
市川市全体	132,822	391,001	33.97%

図表 7-12 市川市長選挙投票所毎投票率 (平成 30 年 4 月)

単位：ケ所

投票率	行徳	市川市本土
45%以上～50%未満	0	2
40%以上～45%未満	0	11
35%以上～40%未満	0	31
30%以上～35%未満	10	7
25%以上～30%未満	8	4
20%以上～25%未満	5	0
15%以上～20%未満	0	0
10%以上～15%未満	0	0

私「浦安市長選挙は、平成22年10月45.06%、平成26年10月

40.56％、平成 29 年 3 月 45.20％です。平成 26 年 10 月選挙は 5 期目を目指す現職の優勢が伝えられ、無風選挙だったのですが、それでも 40％はキープしています」

市民A「おいおい、しっかりしろ、行徳。浦安はちゃんと選挙に行ってるぞ」

私「旧行徳町が市川市と合併した昭和 30 年以降、歴代市川市長は市川市本土出身者ばかりで、行徳出身の市長が一人もいなかったことも低投票率の原因だと思います。平成 29 年、平成 30 年再選挙の市長選挙では行徳出身の初市長誕生か、と期待されたのですが、再選挙では次点で誕生には至りませんでした。さすがにこれだけ投票率が低いと立候補者側の問題だけでなく、有権者側の意識改革も大事ですよね。
　図表 7-13 を見て下さい。各直近選挙の投票率です。行徳、市川市本土、市川市全体、浦安市、松戸市、船橋市を比較してみました。先ほど述べた平成 25 年 11 月の市川市長選挙は異次元の低投票率です。行徳でも国政選挙の投票率は 40％を超えるので、政治に関心がないわけではないのですが、自治体選挙は低いですね。
　浦安市、松戸市、船橋市においても市内の地域間格差はあるでしょうし、選挙の盛り上がりも違うでしょうが、行徳はどの選挙でもビリもしくはビリから 2 番目の投票率ですね」

図表 7-13 各種選挙投票率比較

単位：%

	行徳	市川市本土	市川市全体	浦安市	松戸市	船橋市
直近市議会議員選挙 市川市は平成27年4月	29.02	38.11	35.13	38.89	37.74	37.16
市川市長選挙（最低投票率） 平成25年11月	17.08	23.94	21.71			
直近市長選挙 市川市は平成30年4月	28.29	36.76	33.97	45.20	29.33	28.10
直近千葉県議会議員選挙 平成27年4月	26.53	36.11	32.98	31.76	35.03	36.29
直近千葉県知事選挙 平成29年3月	22.74	27.76	26.10	45.36	26.01	27.45
直近衆議院議員選挙 平成29年10月	43.56	51.20	48.61	51.99	49.68	49.23
直近参議院議員選挙 平成28年7月	46.16	53.95	51.43	53.70	51.70	52.35

市民Ａ「行徳市民はカモにされている。しっかり多額の税金だけ納めて選挙すら行かないのでは、物言わぬ金づる状態だな。為政者から見たら最高の市民だ。

　しっかりした争点があって、投票結果で市政が大きく変わる期待があると選挙に行くのだろうけど、誰がやっても同じ、誰がやってもダメな政治しかできないと思いこんでいるから、危機的水準にまで投票率が下がっているのだろうな。結果、自分たちが不公平な扱いを受けていても、気が付きさえしていないレベルの無関心になっている。

　争点がなさ過ぎて面白くないのなら、無理にでも争点作って、みんなが政治に関心をもつようにしなきゃ。大阪では橋下さんが争点作ったから政治への関心が盛り上がったように、行徳でも争点作ればいい。それも反対派が本気で反対してくる『独立』のような刺激的な争点がいいのだろうな。みんなが真剣に考える土壌を作ることで自治体の政治は大きく変わると思う。無関心が一番怖い」

私「最後に市川市選出千葉県議会議員の行徳比率も見てみましょう。平成27年4月の選挙では、市川市選出県議会議員は定数6人に対して7人が立候補しました。当選者6人のうち行徳居住者はわずか1人です。市議会議員同様悲惨な結果となっています。」

市民A「……」

私「もちろん市議会議員、県議会議員ともに市民全体から選ばれているので市川市全体の利益を考えて行動するのは当然だし、議員のみなさんもそのように行動されていると信じたいです。しかし、皆さん、自分自身が立候補して、厳しい選挙戦を戦って当選した、と仮定してみて下さい。決して少なくない選挙資金とエネルギーを使って選挙活動をしたわけですから、当選後、選挙で世話になった人達への恩に報いる心理が働くことは、人間の性として許容せざるを得ない面もあるのではないでしょうか」

市民A「あるよ。苦しい選挙期間中自分を支持して、実際投票してくれた人の恩に報いるのは、人として当然の心理だよ。恩をあだで返すような真似は出来ない。もちろん、公序良俗に反するようなことや、不正、汚職は許されない。その最低限のモラルやコンプライアンスを確保した上で、支持者に忖度してしまうのだろうな」

私「市議会議員や県議会議員は、自分が住んでいるところが選挙地盤になります。住んでいる地域に忖度すべき支持者が多くいるのが普通だと思います」

市民A「相談、陳情する行徳市民も市川市本土を選挙地盤とする市議会議員、県議会議員に、行徳の問題解決を依頼するか？ってことだよな。まず、地域の事情を良く分かっている行徳の市議会議員、県議会議員に相談するのが順序だ。わざわざ大柏や北方あたりに住んでいる

議員に相談することは余りないよ」

私「市には予算があります。例えば保育園の設置予算が残り1つになり、行徳と市川市本土の保育園候補地がそれぞれあったときに、どちらを優先して市役所の役人に掛け合うかということです。案件内容で明らかに優劣が決まればいいのでしょうが、微妙な差しかないと選挙地盤優先心理が働くでしょう」

市民A「明らかな不正ではなく適切な判断で、1件1件は微妙な差で市川市本土を優先することが、市政のあらゆる面で行われたら、何年、何十年積り積もれば大きな差になるよ。事実なっているし」

私「都市周縁部の悲劇そのものです。おそらく旧行徳町、旧南行徳町時代は政治に高い関心があったはずですが、都市に吸収され活力を失った典型例と言えるでしょう。
　市川市議会は問題が多い議会です。政務調査費をごまかして号泣した元兵庫県議がいましたが、彼と同じような問題を起こしている議員もいました。しかも自浄作用が効いていません。行徳市民の中にはそのような事実さえ知らない人がかなりいるのではないかと危惧します」

第8章 独立（分立）の手続き

1. 独立（分立）の根拠と事例

市民Ａ「そもそも行徳は市川市から独立できるの？」

私「独立できます。全く問題ありません。荒唐無稽なことを主張しているのではありません」

市民Ａ「具体的に聞かせて」

私「地方自治法第7条市町村の廃置分合または市町村の境界変更、が根拠になります。

　廃置分合とは地方公共団体の新設や廃止を伴う区域の変更のことをいい，これには合体・編入・分割・分立の4つの方法があります。

　合体は2つ以上の地方公共団体を廃止して、新たに1つの団体を置くことをいいます。

　編入はある地方公共団体を廃止して、他の団体の区域に組み入れることをいいます。

　分割はある地方公共団体を分けて、新たに数個の地方公共団体を置くことをいいます。

　分立はある地方公共団体の一部を割愛して、その部分に新たな地方公共団体を置くことをいいます。

　行徳独立は分立（分割の可能性もあり）が該当すると考えられます。地方公共団体の分立、分割は戦後全国で70事例もあります」

市民Ａ「結構あるんだ」

私「有名なのは東京都練馬区の板橋区からの分立、埼玉県鳩ケ谷町（その後市制）の川口市からの分立（平成の大合併で再び川口市に再編入）、神奈川県逗子町（その後市制）の横須賀市からの分立、神奈川県座間町（その後市制）の相模原市からの分立、富山県新湊町（その後市制）

142

の高岡市からの分立、山口県小郡町（その後市制）の山口市からの分立（平成の大合併で再び山口市に再編入）、山口県富田町・福川町（その後合併して南陽町、市制で新南陽市）の徳山市からの分立（平成の大合併で再び徳山市他と合併して周南市に）、など隣接自治体から分立した事例はたくさんあります。

　練馬区のホームページを見ると、平成29年に独立70周年を祝う式典[1]を開催し、記念誌を発行するなど結構盛り上がっています。

　地方自治法は市町村の廃置分合と境界変更について、関係市町村が、①議会の議決を経て、②都道府県知事に申請し、都道府県知事は③都道府県議会の議決を経て、④これを決定し、⑤総務大臣に届け出ること、によって行うとしています。

　市の廃置分合については、都道府県知事はあらかじめ総務大臣に協議し、その同意を得なければならないものとされています（第7条第2項）

　総務大臣は、都道府県知事から届出を受理したとき、又は決定の処分をしたときは、直ちにその旨を告示するとともに、国の関係行政機関の長に通知します（第7条第7項）

　廃置分合と境界変更は，この告示により効力を生じることになります（第7条第8項）

　住民投票は法律で義務つけられていませんが、実施すべきだと考えます」

　市民A「住民投票で分立が賛成多数となれば、それを覆す議決ってなかなかできないだろ。のちのちしこりが残るし、カタルーニャ州のようにかえって対立が激化する可能性があるからな」

---

1 『練馬区ホームページ』「練馬区独立70周年」

https://www.city.nerima.tokyo.jp/kankomoyoshi/annai/rekishiwoshiru/70shunen/index.html（最終閲覧 2018/10/27）

2. 分割と分立

私「市川市から行徳が独立して行徳市になるのには、分割と分立の2方式からどちらかを選択しなければいけません

　分割とは既存の市町村を廃止して、複数の区域に分けて新規に市町村を設置する方法です。市川市を廃止して、新規に行徳市と新市川市を設置するということです。

　分立とは既存の市町村を存続させたまま、一部の区域を新しい市町村として分離する方法です。市川市は存続させたまま、行徳を行徳市として分離するということです。

　分割の場合、市川市長と市議会議員は全員失職し、行徳市と新市川市で市長、市議会議員選挙をそれぞれ行います。

　分立の場合は市川市長と市川市議会議員は当然に失職せず、行徳市の区域に住所がある市議会議員は被選挙権を失うので失職します。市長は被選挙資格に元々住所要件がないので、日本国内どこに住所があっても当然に失職しません。ということは行徳に住所があっても失職しないので、市長自身の判断に任されるということです。分立されて設置された行徳市では行徳市長と行徳市議会議員の選挙が行われます。

　次に分割するにしても分立するにしても住民投票を行うことになると思います。住民投票は絶対必要な手続きではありませんが、やるべきだと考えます。

　さらに分割するか分立するかで投票する住民の範囲が異なってきます。分割は市川市を廃止するわけですから、市川市全域が住民投票の対象になります。行徳だけでなく市川市本土の住民も対象になるということです。分立は、分立を望んでいる地域のみで行う場合と、市町村全域で行う場合の2つの方法が想定されます。行徳のみで実施するケースと市川市全域で実施するケースが考えられるということです」

市民Ａ「分割と分立については分立のほうがいいと思うな。独立は行徳の問題だし、なにも市川市を廃止する必要までないと思うし」

私「私も分立の方がいいと思います。市川市の市長や市川市本土に住所のある市議会議員はそのままにしておいたほうが、市川市本土に与える影響を抑えられますからね。市川市本土出身の市長ならそのまま続けたらいいでしょうし、行徳出身の市長ならそのまま続けるもよし、辞職するもよし、市長個人の判断です。

　問題は住民投票対象ですが、分立の場合は行徳市民だけを対象にすべきだと思います。例えばイギリスがＥＵから離脱をするかどうかの国民投票を、ＥＵ加盟国すべてで行ったのではなく、イギリス国民だけで実施したように」

市民Ａ「その通りだ。行徳市民だけを対象にした方がすっきりしていると思うけどな」

私「でも市川市本土市民から、行徳の独立を許さないという意見が強く出てきたときには、市川市全体で実施する可能性もあります」

市民Ａ「うーん。なんか納得できないな」

私「仮に市川市全体で実施した際には、投票結果は図表 8-1 の 6 通りが考えられます。

図表 8-1 投票結果パターン

行徳	市川市本土	市川市全体
賛成	賛成	賛成
賛成	反対	賛成
賛成	**反対**	**反対**
反対	反対	反対
反対	賛成	賛成
反対	賛成	反対

　この6通りの組合せのうち、行徳で独立賛成、市川市本土で独立反対、市川市全体で独立反対となるケースが、行徳の投票結果と市川市全体の投票結果が異なるので一番問題になるでしょう。

　残りの5つのケースは、（賛成、賛成、賛成）（反対、反対、反対）は問題ないですし、（賛成、反対、賛成）（反対、賛成、反対）は行徳の投票結果と全体の投票結果が一致しているので問題ありません。（反対、賛成、賛成）は可能性としてありうるだけ、だと言えます。

　行徳で独立賛成、市川市本土で独立反対、市川市全体で独立反対となった場合に、行徳市民が納得できなかったら、再度住民投票を求める動きが出るなど収拾がつかなくなる可能性があります。カタルーニャ州のように泥沼化し、非常に強い対立を生み出してしまうでしょう。この可能性を排除するために、最初から行徳だけで投票を行うほうがいいと思います」

市民A「なるほど、そうだと思うよ」

私「今後同じようなことが全国で起こっても前例になるから大事なことです。住民投票を受けて①市川市議会で分立の議決をし、②千葉県知事に申請し、千葉県知事は③千葉県議会で議決を経て、④分立を決定し、⑤総務大臣に届け出れば完了となります。過去には京都府舞鶴市を東舞鶴市と西舞鶴市に分割する事案が、京都府議会で否決されてボツになったことがあるので油断はできませんけどね。いざ分立とな

ると合併よりも事務作業は少なくて、短期間で終了するようです」

3. 平成の大合併

私「昭和の自治体分立は、昭和の大合併が国策による上からの押し付け合併だったので、地域の実情が反映されておらず起こった現象です。平成の大合併も、生活圏や文化の違う地域の合併が住民の不満を生み出しており、全国で分立運動が起こっています」

市民A「どんな例があるんだ」

私「埼玉県さいたま市から旧大宮市の分立、熊本県菊池市から旧泗水町の分立、青森県青森市から旧浪岡町の分立、群馬県安中市から旧松井田町の分立が挙げられます。中央が示した合併条件の甘い蜜に飛びついた結果、合併後に問題となっているのです」

市民A「総務省の考えた合併推進のやり方がすべてに合うわけではなく、合併が合わなかった自治体はあって当然だよ。100%成功する政策なんてありえないわけだから、うまくいかなかった自治体については、住民が未来永劫我慢を強いられるのは、いかがかなと思う。嫌々くっついていることはよくないよ」

私「平成の大合併は市町村の財政基盤を確立する目的で行われました。平成11年には3,232あった市町村は平成26年に1,718となり、1,500余の市町村が消滅しました。町村の人口1,422万人、総人口の11%相当が都市に吸収され周縁部となったのです。市町村財政の悪化速度は抑えられたのですが、中心部の維持で手一杯になり、広大な面積の周縁部に対して細かな対応をすることが難しくなっています。周縁部は徐々に力を失ってきているのです」

市民Ａ「まさに 60 年間行徳で起こっている現象だ。行徳は力をそがれた結果、ギネスブック級の投票率の低さ、地域への無関心につながっている」

私「解決策の一つとして元の市町村に戻す方法も持っておくべきで、市町村の分割、分立を活用すべきです。総務省内でも市町村合併の失敗を一部認める意見も出ているそうで、その解決法として有効だと思います。財政の悪化は食い止められても、周縁部住民が元気でなくなってしまっては、なんのための合併だったのか、ということになります」

市民Ａ「その通りだと思う」

私「行徳の分立事例がうまくいけば、全国の同じような問題を抱える地域のいい前例になります。分立事例は久しくありません。平成以降で初めてやることに価値があります」

市民Ａ「こんなはずではなかった、という時に片道切符ではなくて、元に戻す方法を持っておくべきだと思うよ。結婚してみたけどこんなはずではなかった、と思えば離婚する、法人でも分社した方が効果的だと考えれば分社するように」

第9章

浦安市との合併

私「長期的視点で、独立後の行徳が浦安市と合併することは重要な選択肢です。過去に両地域の合併案がありましたし、いまだに合併論が残っています。合併後に東京都編入を目指すといった話もあります。本章では行徳視点、浦安市視点の両面から合併について考えます」

1. 地理的つながり

私「はじめに行徳と浦安市の地理的つながりを見てみます」

市民A「地理的つながりは、市川市本土よりも浦安市との方が強いのは一目瞭然だ」

図表9-1 行徳・浦安市地図

出典元：Google マップ

私「行徳と浦安市は旧江戸川、江戸川、東京湾に囲まれた島状の地形に並んで位置しています。島のちょうど真ん中で市境があり東半分が

行徳、西半分が浦安市となっています。これだけでも、浦安市のほうが、市川市本土と比べて地理的つながりが強いと言えるでしょう。

　行徳と浦安市は双子のようによく似た地域です。人口は行徳約16万3千人、浦安市約16万6千人で、面積は行徳約12平方キロメートルに対して、浦安市約17平方キロメートルですが、東京ディズニーランドや工業地帯を除いた住宅地域は約12平方キロメートルでほぼ同じ大きさです。住宅地域の人口密度は1万3千人でほぼ同じですし、生産年齢人口比率は行徳71.95％、浦安市69.44％と日本でトップクラスの高さです」

市民Ａ「本当によく似ているなあ」

私「市川市のホームページに東葛飾・葛南地域4市（市川市、松戸市、船橋市、鎌ヶ谷市）政令指定都市研究会の報告書[1]が掲載されており、住民の合併組合せに対する意見があります。『魅力ある都市を目指すには浦安市との合併が必要』『市川、船橋、浦安、習志野が合併し、松戸、柏および周辺が合併すべき。数合わせの合併ではなく、居住者、将来居住する者が希望を実感できるようにじっくり検討すべき』『浦安、習志野、八千代などとの合併も視野に入れるべき』『4市に限らず各市にとってメリットのある相手だけを選んでほしい』『生活圏が異なる市を隣接しているというだけで選ばないでほしい』といった意見があり、浦安市の名前が結構出てきます。それらの意見の中で最も気になったのが『行徳地区は地理的に浦安市と合併すべき』です」

市民Ａ「政令指定都市になるとしても合併相手が松戸市や船橋市だっ

―――――――――――――――――――

1『市川市ホームページ』「東葛飾・葛南地域4市政令指定都市研究会報告書」http://www.city.ichikawa.lg.jp/common/000054029.pdf（最終閲覧2018/10/27）

たらいい合併だとは思えないわけだ。その辺市民のみなさんも感覚で分かっていて、あまり乗り気でない。ところが浦安市だったら乗り気なわけで、特に行徳は地理的に浦安市が最適だということだ。行徳市民にとって、市川市役所より浦安市役所のほうが近くて渋滞も少ないし、浦安市役所の駐車場は広くて入庫待ちもないからイライラしなくて済むしな」

2. 行徳・浦安合併案の歴史

私「第1章で行徳の地名は行徳、南行徳だけでなく浦安元町地域、船橋沿岸部、江戸川区東篠崎に至る広域地名で、歴史的には市川や八幡よりも、浦安や船橋とのつながりが強かったことに触れました。さらに江戸川開削後、約半世紀の間、旧行徳町江戸川西岸地域、旧南行徳町、旧浦安町は揃って陸の孤島となった歴史があります。孤島時代は、市川市本土より浦安市とのつながりがずっと強かったと言えます。

　明治以降、千葉県葛南地域には、旧行徳町、旧南行徳町、旧浦安町が存在していました。昭和30年の旧行徳町と市川市の合併時に、千葉県は葛南3町での合併を画策したのですが、合併を急ぐ市川市に押し切られる格好で、旧行徳町、旧南行徳町の市川市編入が決定されました。

　合併は旧行徳町内で大きく揉めました。合併調査委員会は、市川市との合併が旧行徳町にとって利益になる、との結論を出したのですが、旧行徳町内では意見がバラバラだったのです。市川市との合併、合併するのなら船橋市、独立維持と統一がとれず、ついには住民投票で決着をつけました。しかし、委任投票の取扱いをめぐって紛糾し、町長が辞任に追い込まれ、ドタバタの中で合併案が臨時町議会で可決されました。合併案可決が3月25日で、わずか6日後の3月31日に合併という慌ただしいスケジュールで行われました」

市民A「大事な事をこんなドタバタで決めたんだ」

私「旧行徳町、旧南行徳町との合併に積極的だったのは市川市でした。千葉県の葛南3町合併案に対抗するためにも、市川市は合併を急ぎました。なぜ市川市は合併に積極的だったのでしょうか?

　昭和25年のシャウプ勧告により、地方自治体の法人課税が認められ、大きな財源になりました。当時臨海部を持っていなかった市川市は、旧行徳町、旧南行徳町を合併することで臨海部を手に入れ、京葉工業地帯の一角を形成し、工場誘致を進め、法人からの税収増につなげたかったのです。

　旧行徳町、旧南行徳町の市川市編入は、市川市のために行われたもので、少なくとも旧行徳町、旧南行徳町からの発案ではありませんでした。市川市は隣の町を無理やり合併し、税金がガッポリ入る工業地帯に生まれ変わらせた、と言えば言いすぎでしょうか。

　もちろん当時の市川市は財政が逼迫しており、やむにやまれない事情があったのも事実です。戦後、東京の罹災者が大量流入したことで、急速に人口が増え、歳出が急増していたのです。

　ただ、行徳はうまく使われてしまったなあ、という感じは否めません。旧行徳町、旧南行徳町単独でどれくらいの企業誘致力があったかは分かりませんが、独立したままでいた方が行徳市民のメリットは大きく、行政サービスの充実した市が形成されていたのではないか、機会損失額があまりにも大きかったのではないか、と考えられます。

　特に合併に取り残された浦安市が、東京ディズニーランドを誘致して、豊かな財政力を誇っている現実を見ると、行徳にもチャンスがあったと考えられるだけに残念です」

市民A「全くその通りだな」

私「合併後は埋め立てを推し進め、行徳が先祖代々守ってきた三番瀬を、市川市のために失ったことを考えると、失ったものの大きさを一層際立たせます。

　市川市と合併しなくて単独のままだったら、もしくは千葉県の考え

ていた3町の合併だったら、と思うと残念でなりません。当時の3町のパワーバランスを考えると、市名は行徳市になっていた可能性があっただけになおさら残念です」

市民A「そうすると、東京ディズニーランドは浦安じゃなく、行徳にある、と言われている可能性があったわけだ」

私「浦安は葛南3町合併案が消えた後、浦安町単独で発展し、昭和56年に浦安市となりました。昭和58年の東京ディズニーランド開園後は、全国区の名前になりました」

市民A「浦安市民は日本中、世界中の人に対して、自分は東京ディズニーランドがある市に住んでいる、と言うだけで通用する抜群の知名度だ。
　一方で行徳市民は知名度に苦しむよ。市川市とかいっても首都圏外に住んでいる人は知らないことが多いし、市原市と間違われることすらある。そんなこともあって行徳市民で浦安市と合併したいなあ、と潜在的に思っている人は多いと思うよ」

私「私は以前から、周囲の行徳市民に、行徳は浦安市と合併したらどうか、ということを聞いてきました。若干誘導尋問じみた質問が、無意識的に相手に伝わったのかも知れませんが、浦安市との合併に前向きな意見が多く、市川市のままでいい、と言う人は一人もいませんでしたね。
　行徳に数代にわたって住み続けるコア市民の方に聞いても、市川市に対する愛着はなく、むしろコア市民であればあるほど市川市からの独立、その先の浦安市との合併を望んでいる意見でしたね。
　まあ、市川市からの独立や浦安市との合併を真剣に考えるとなると、意見は変わってくる可能性もあるのですが、少なくとも行徳市民の市川市への愛着はこの程度だ、ということは言えると思います」

154

市民Ａ「そうだと思うよ」

私「行徳と浦安市の境は、南部は川が境界線になっていますが、北部は住宅地に境界線が走っており、かなり複雑に入り組んでいます。
　市境の微妙な状況を表す事例として、市川市側の境にある市川市島尻、新井のマンション群があります。工場跡地にマンションを建設したのですが、違和感を覚えるのはマンション名です。『〇〇マンション浦安』と命名されたマンションが、市川市側に入っても複数存在するのです。結構複雑な気持ちになります。そこまで市川市のブランドはないのかと思い知らされ、浦安の強さを実感する場所です。マンション名は、デベロッパーが付けて売り出すわけですし、立地的にも浦安駅と南行徳駅の中間で、浦安駅の方が近いエリアなので致し方ないことだと思いますが」

市民Ａ「おそらく浦安市というよりも、浦安駅という感覚で命名しているのだろう。でもこれが現実なんだよ。『〇〇マンション浦安』だったら売れるけど、『〇〇マンション市川島尻』とかじゃ売れ行きが悪いんだよ。マンションデベロッパーにとっては売れなきゃ死活問題だしな。まあ、歩けば浦安駅の方が近いから許容範囲だと思う。同じような話は他でもあって、市川市の二俣辺りでも西船橋駅が近いから『〇〇マンション西船橋』となっているところもあるしな。でも明らかな差は感じないんだよね、浦安ほど」

私「だからこそ行徳では浦安市との合併論があるわけでしょう。合併して浦安市になれば名実ともに浦安市になれるわけですから。おそらく地価は上昇し、マンション価格も上がるから、行徳市民から浦安市との合併に対して、反対意見が出てこないと思いますよ」

市民Ａ「市境の道一本の差で大きな行政サービスの差があり、しかもマンション名は浦安。浦安市民は恵まれているのに、南行徳周辺の市

境エリアはあまり恵まれていないから余計格差を感じる。

　この差があるから、マンションも相応に安い価格で手に入ったわけだけど、取得後に自らの資産価値を向上させる努力を禁止されているわけではないから、浦安市と合併したい意見を持つのは自由だからね」

3. 災害時の状況

私「行徳と浦安市は、江戸川河口の島のような地形に双子のように隣り合っているため、平常時よりも災害時に一蓮托生の関係になります。

　四方を海と川で囲まれており、他地域とは橋でなければ通行ができませんが、市川大橋、妙典橋（平成31年春頃開通予定）、行徳橋、新行徳橋、今井橋、浦安橋、舞浜大橋の7本しかありません。行徳、浦安市で合わせて33万人が住んでいる地域と、他地域を結ぶ橋が7本で本当に大丈夫なのかと思います。

　7本の橋のうち、地震で津波が発生したときに、海の方に向かって避難することになる市川大橋や舞浜大橋を使用するリスクは高すぎます。まともに使えそうな新行徳橋、今井橋、浦安橋だけでは、すぐに渋滞が起こって、ジ・エンドとなりかねません。行徳・浦安市民は橋を渡って対岸に避難するよりも、島内で完結する避難方法を考えておかないといけません。

　浦安市は市役所を城郭のような建物に建替えました。災害発生時には十分機能して、防災、減災に寄与するものと期待できます。市川市本土にある市川市役所も現在建替え中です。建替え後は防災機能を強化した市役所になる予定です。

　問題は行徳です。建替後の市川市役所がいくら強靭になっても、行徳に存在しません。いざというときに頼りにしなければならない防災拠点は行徳支所になるのですが、非常に貧弱です」

市民A「行徳支所が、浦安市民とほぼ同数いる行徳市民を守る防災拠点になれるかどうかは疑わしいな」

私「我々行徳市民は、災害時に対岸の市川市役所が出す情報や指示より、浦安市役所が出す情報や指示に従った方が、生き残る可能性が高まる考えは持っておきたいですね」

市民Ａ「いざというときには、行徳市民は市川市役所より浦安市役所を頼りにしなさいということか。結構困った状態だな」

私「市川市役所危機管理センターで、我々行徳市民の避難方法について聞いてきました。まず、異常気象で発生可能性が高い江戸川洪水は、ハザードマップ[1]上浸水が 3 メートル～5 メートルに達すると予想しているのですが、最大 5 メートルの浸水は溺死者の山を作るのではないか？浸水地域のど真ん中にいくつか避難所を指定しているけど、避難して本当に大丈夫なのか？さらに避難所に向かっている最中に洪水に巻き込まれる事態は考えているのか？といったことを質問しました」

市民Ａ「行徳で想定されている洪水は危険性が高い。市川市が指定している避難場所を信じて大丈夫なのか、という疑問は残るよね。市役所の答えはどうだった。」

私「まあ、避難所である学校のグランドに避難するわけではなく、体育館の床は底上げしているし、校舎の 3 階部分まで逃げれば大丈夫だと考えています、という答えでした」

市民Ａ「……。我々行徳市民は自分たちで避難場所を考えた方がいいかもな。市川市役所を信じて行動した結果、想定していた以上の洪水

---

1 『市川市ホームページ』「市川市 洪水ハザードマップ」
http://www.city.ichikawa.lg.jp/gen06/1511000002.html（最終閲覧 2018/10/27）

で全滅しちゃいました、行徳のみなさんすみませんでした、の一言で片づけられそうだな。岡山県倉敷市が旧真備町でやってしまった大失敗の再現になりそうで怖い」

私「それと江戸川区との防災協定もあるので江戸川区に避難すればいいとの発言もありましたね。」

市民Ａ「さっきの話だと行徳から江戸川区に直接渡れる橋って今井橋しかないんだよな。河原の旧江戸川水門上の道路もあるけど、徒歩、自転車しか通れないしな。そんな協定本当に機能するのか」

私「行徳は江戸時代、明治時代を通して洪水だけでなく、高潮による被害を度々受けてきています。約100年前、大正6年（1917年）10月に台風による高潮が東京湾北岸に押し寄せてきました。行徳町、南行徳村、浦安町、葛飾村、船橋町の5町村で死者121名、重軽症者158名、家屋315戸の被害が出ました。ちょうど江戸川開削中の災害で、高潮は総武線の線路にまで達して止まったそうです」

市民Ａ「たしか『大正6年の大津波』と言われている高潮だよな」

私「そうです。津波というと地震を思い浮かべると思いますが、高潮でも地震の津波並みの破壊力を持つということです。伊勢湾台風がいい例です。現在でも台風が東京湾を直撃すると、行徳は地震の津波級の破壊力を持った高潮に見舞われるリスクがあるということです。しかも地盤沈下の影響で、大正6年当時より行徳の海抜は低くなっています」

市民Ａ「大正時代の過密が進んでいない寂れた時代の行徳周辺で、これだけの死者が出たことは驚きだな。今の人口だと死者数は桁がちがうかもよ。

全国の河川の護岸工事を行っている会社の人から聞いた話だけど、河川の堤防は両岸の高さが同じではなくて、どちらかが低くなるように造っているんだって。できる限り決壊は防ぎたいけど、防ぎきれないラインを突破すると、どちらか一方だけに水を流すためにそうしているということだ。被害を両岸に発生させるよりも、片側だけにとどめることは被害額が半分で済むのだから、これはこれで合理的な考え方で否定はしない。いやむしろそうすべきだと思う。ただ、その被害をこうむるのは、まさか自分が住んでいる方じゃないだろうな、ということよ」

私「洪水や高潮で江戸川が決壊した時、行徳と市川市本土ではどちらが危険地帯になるのでしょうかね？」

市民Ａ「自分も危機管理センターに問い合わせたことがあるんだ。そしたら、そんな事実はない、との返事だ。でも、両岸アウトになったら損害２倍になるわけでそんなのおかしいだろ。市役所が教えてくれないから勝手解釈するけど、どうもはずれくじは行徳の方だと思う。市川市本土には市役所があるし、普通本丸は守るよな。いざ災害が発生したときに、災害対策本部の市役所が水浸しじゃ困るからな。被災者を救わなきゃいけない立場にある市役所が、被災者になったら元も子もない。さらに市川市48万人の内32万人が住む市川市本土を守るのも合理的な選択だよ」

私「次に地震災害について考えます。行徳塩浜護岸をはじめ津波対策は本当に大丈夫なのでしょうか。行徳のインフラで気になるところはたくさんあるのですが、特に行徳港周辺の護岸はひどいですね。『崩落の危険があるので入らないでください』という立て看板があります。三番瀬の埋め立てが続く前提で作られた簡易の護岸で、埋め立てから40年経過して劣化したようですが、本当に崩落する箇所が出るまで放置していたわけです。信じられません」

159

市民Ａ 「行徳軽視」

私「護岸については、千葉県管轄か市川市管轄かで揉めていたのですが、どちらが管轄であっても津波対策をきちんとしているようには思えません。

　台風の場合はあらかじめやってくるのが分かるので、避難のタイミングを間違わなければ、災害はある程度回避できます。ところが地震の場合待ったなしの状態に置かれてしまいます。行徳は平坦地で高台がありません。逃げ込むとしたらマンションやイオン市川妙典のようなショッピングセンターの高層部分しかありません」

市民Ａ「責任回避の常套句である『想定外』の津波が行徳に押し寄せてきたら、阿鼻叫喚の地獄絵図になるかもな。塩浜の工場地帯を蹂躙して行徳を襲う。江戸川だけでなく旧江戸川を遡った津波が、行徳北岸の堤防を突き破る可能性もあるんじゃない。島尻、広尾、相之川から本行徳、下新宿、河原までの、地盤沈下の影響で素人目にも歪んで見えるオンボロ堤防を難なく壊して、行徳ゼロメートル地帯を直撃すると思うよ」

私「行徳ゼロメートル地帯は特に危険です」

市民Ａ「東京湾口の館山に 10 メートル級の津波が押し寄せて来たとき、行徳では 2.5 メートル級の津波になる可能性がある。大津波警報が発せられ、東日本大震災で見たような津波が押し寄せてくるということだ。本当に 2.5 メートルに収まるのか疑わしいし、2.5 メートルでも危険なのは間違いないしな。

　高台がないので津波タワー、津波シェルター、津波救命艇（津波避難用の箱舟、現代版ノアの箱舟とも言われる）といった避難設備も、整備しておく必要があるんじゃないか。その割になにか切迫感ないよな」

私「確かにそう思います。もう少し危険性を市民に説明しておくべきでしょうね。高台がないわけですから津波タワー、津波シェルター、津波救命艇は必要だと思います。東日本大震災級の津波が襲ってきた場合、どれくらいの人が亡くなるか分かりませんよ」

市民Ａ「地震が起こってからじゃ取り返しがつかないぜ」

私「津波の被害だけでなく、地震自体にも注意が必要です。市川市が想定する東京湾北部を震源とするマグニチュード7.3の地震が発生した際、市川市本土は臨海部を除き震度6弱の揺れとなるのですが、行徳エリアは震度6強の揺れが大半となります」[1]

市民Ａ「同じ震度6じゃないか、という訳じゃないんだよな。この差が大きいわけだよな」
（注）震度6弱：立っていることが困難になる。固定していない家具の大半が移動し、倒れるものもある。ドアが開かなくなることがある。
　震度6強：立っていることができず、這わないと動くことができない。固定していない家具のほとんどが移動し、倒れるものが多くなる。

私「その通りです。地震の揺れそのものに対しても、津波に対しても行徳のリスクは市川市本土とは比較にならないほど高いのです。行徳市民はしっかり認識して、自らの命を守るために備えなければならないのです」

---

[1] 『市川市ホームページ』「いちかわの想定震度分布」
http://www.city.ichikawa.lg.jp/gen06/1521000003.html（最終閲覧2018/10/27）

4. 浦安市との協働防災・復興対策

私「これまで行徳は災害リスクが非常に高い地域であることを述べてきました。浦安市も行徳と同じ程度のリスクがあります。

　防災対策上、市境での分断を避け、行徳と浦安市は一体化したほうが効果的だということは小学生でも理解できると思います。

　さらに、財政力の差を見せつけられ、行徳と浦安市の間で復興対策に差が出るのは困ります。同じように浸水したにもかかわらず、浦安市の住宅には復興支援がたくさん出て、市川市はそこまで出せないということは避けてほしいと思うのですが、現実にはそうなりそうですね。特に、浦安市との境に住む行徳市民は、復興支援格差を強く意識させられます。ねたみが強くなっていざこざが発生しなければいいのですが」

市民Ａ「防災、復興は浦安市と一緒に対策立てる方が効果的だ。そうだと分かっていても、市川市にとって浦安市の言いなりになることは、プライドが許さないかもな。

　こんなこと疑いたくないけど、両市の対策が違っていて、市川市が浦安市に従っていないのではないか、という不安があるわけ。浦安市には金があるし、東日本大震災で被災しているから、その経験を活かして強固な対策を立てている。一方、市川市は浦安市レベルの対策をしようとしても、予算的に対応できないだけでなく、浦安市主導の対策に感情的に協力できない、ということはないようにしてもらいたいわけよ。

　こんなことは表に出てくるようなものではないから、冷戦状態に陥ってお互い意思疎通ができていなかったりすると最悪だよ」

私「市川市と浦安市は連携がとれているとはお世辞にも言えません。両方の市役所に行って、直に公務員と話してみてください。よくわかります。

防災・復興対策上、行徳にとってベストな選択は、行徳が市川市から独立した後に浦安市と合併することですが、合併はできなくても行徳市として独立していた方が、市川市の一部でいるよりも変なプライドがない分、浦安市と一体的な行動が取りやすいでしょうね」

市民Ａ「浦安市主導に対して、市川市はいろいろ難癖つけても、行徳市は素直に協働すると思うよ」

5. 浦安市サイドから考える合併

私「これまで行徳と浦安市の合併について、行徳サイドから考えてきました。ただ、浦安市サイドから考えると、現状では合併を選択する可能性は低いと思います。浦安市にとっての合併目的は、中核市の人口要件達成、合併後の東京都編入といったことぐらいしかありません。あまり喫緊性と現実感がないのです。
　そのような事情は横に置いておいて、以下では浦安市サイドから合併を考えてみたいと思います」

私「浦安市は人口 16 万 6 千人です。浦安市が千葉県からの権限委譲を進めて、自らの裁量度合いが高い市になるのには規模が小さいと言えます。
　市には都道府県と同等の権限をもっている政令指定都市があります。例えば千葉市、大阪市、横浜市などがそうですが、『人口 50 万人以上で将来的に 70 万人程度を超えることが見込まれる』が成立要件です。政令指定都市ほど大きくない規模では、都道府県から一定の権限委譲を受けている中核市があります。成立要件は『人口 20 万人以上』で、近隣では船橋市が該当します。（注）市川市は中核市の成立要件を満たしていますが、中核市でないほうが財政上有利だという判断で中核市になっていません。
　浦安市は中核市の成立要件を満たしていません。人口増加中ですが、

増加ペースは鈍ってきており、浦安市も自前で 20 万人に到達することを想定していません。平成 36 年（2024 年）ころに 17 万人でピークアウトする見込みです。

　そうすると、将来浦安市が何らかの理由で、中核市以上を目指した方がいい状況になった場合、合併する必要があるのですが、現状、地理的制約で市川市しか選択肢がないのが泣き所です。飛び地合併で松戸市、船橋市も考えられますが現実的ではありません。

　市川市との合併を仮定すると、市川市人口は 48 万人で浦安市の 3 倍となるため、合併後の主導権を握れないと考えられます。市役所は市川市に置かれ、浦安市民の利便性は失われることになります。市名も市川市か新市名になるでしょう。結果、浦安市は行徳同様市川市の周縁部になってしまいます。さらに自分たちの豊かな財政が市川市に流出するとなると、全く合併する気にはなれないでしょう」

市民A「浦安市にとって市川市との合併はありえないわけだ。そうすると現状合併相手がいないということになる。それはそれで選択肢がなさすぎるな」

私「しかし、行徳だけだったら合併はありうるのではないでしょうか。行徳との合併で人口 33 万人となり、中核市の成立要件が達成されます。行徳は同じくらいの人口、面積で、財政もいいですし、市名も浦安市でいける可能性があるし、市役所は浦安市役所でいい訳ですしね」

市民A「将来、首都圏再編で浦安市が東京都に編入されるようなチャンスが巡ってきたとき、今の浦安市だけでの編入は難しいと思う。人口が 16 万人じゃ少ないし、都県境が今の浦安市と行徳の市境になるわけで地理的に難しいからな。でも、行徳と合併した後なら規模的に問題ない大きさに近づくし、現在の都県境である旧江戸川を江戸川に変更するだけで地理的にも自然だしね」

私「東京都編入の可能性が出てきたときには、浦安市は行徳合併という札を切る可能性が高まりますね。
　現在、『東京ディズニーランドは東京都にあるべきだ』論は半分冗談みたいに受け止められますが、どこで本気に変わるか分かりません。東京都編入に際して市の大きさや都県境が要件になるのなら、行徳は魅力的な合併相手になりうるわけです」

市民Ａ「行徳が一緒になる最適な相手は浦安市だ。浦安市が一緒になる最適な相手は行徳だ。市川市じゃない。その時に、行徳が市川市から独立しておくことが大事な条件になるわけだ。早い段階で市川市から足抜けしておかないと」

私「また、浦安市も自分たちが主導権を握れるときに、行徳と合併することを選択した方がいいでしょう。最悪のシナリオが働いたとき、浦安市が吸収合併される側になることだってありえるわけですから」

市民Ａ「それって、行徳は明治時代に水運の先進地域であったことが災いし、総武線開通を逃し、その後市川の後塵を拝する地域になったことを教訓にすべきだと言いたいんだろ。ちょっとした判断ミスがその後の地域の盛衰に大きな影響を与えるからな。
　さらに、行徳との合併は浦安市の公務員にとってもいいことじゃないか。行徳だけとの合併なら少なくとも主導権を失わなくて済むから、地位は保全されやすい」

私「一番の本質をついていると思いますよ。浦安市の公務員にとって、市川市との合併は自らのポストを失いかねない。でも行徳だけだったら、市川市の保守本流の公務員は市川市側に残るから、自分のポストに与える影響を最小限に抑えることができますからね」

市民Ａ「最後に本章のまとめとして、行徳と南行徳が市川市と合併し

165

ていなくて単独で行徳市、南行徳市として残っていた場合、今、合併するとしたら浦安市と市川市のどちらを選択するかってことだよ。答えは絶対浦安市だよ。なんで市川市と合併しなきゃならないの」

私「行徳と浦安市は本当にいい組み合わせです。東京都編入等合併後の可能性も広がります。行徳は明治時代以降、2回大きな選択の失敗をしていると思います。1回目が総武線の敷設拒否で、2回目は市川市との合併です。今、3回目の失敗が静かに進行している可能性があります」

市民A「3回目の失敗というのは、市川市から独立しておけばよかったのに『しなかった』ということだ。将来、浦安市と合併できるチャンスが出てきたときに合併できないことだ」

コラム　行徳・浦安市境にあるベルリンの壁

私「行徳と浦安市の市境にベルリンの壁のような分断壁があるのをご存知ですか？」

市民A「えっ、何それ？」

私「市川市南行徳3丁目、新井3丁目と浦安市北栄2丁目の市境約350メートルにわたる壁です。市川市が花壇形状の壁を作って道路を分断しているのです。ベルリンの壁のような高い壁ではないのですが、自動車の自由な往来を妨げ、さらに道路が壁を境に行き止まりになっている地点もあります」

図表9-2　地図（行徳・浦安間の壁）

私「地図を見て下さい。太線で表示した部分に壁が道路に沿ってあります。地点Aでは、地図上部市川市側の道路が11時方向から5時方向に向かって走っていますが、下部浦安市側の道路（太線で表示した道路）が10時方向から近づいてきてY字状につながるのですが、その真ん中に壁があって、両道路がつながることなく100メートルほど並走するのです。壁の途中で数ケ所切れ目を作って、自転車と歩行者だけは行き来できるようになっていますが、自動車は行き来できません」

写真9-1 地点A

私「地点Bを見てください。南行徳駅から高架下を浦安駅方向に向かっていくと、高架を挟んで両側に幅の広い道路があります。ところが地点Bで道路が突然止まります。こんな広い道路がいきなりです。その行く手を遮るのがこの壁です」

写真 9-2 地点 B

市民 A「ほんとだ、道路が分断されている。自動車が通ることができれば浦安市側と南行徳駅を直線で結べるのにもったいないな」

私「行徳・浦安の壁については、市川市道路交通部都市計画道路課および交通計画課に問い合わせてみたところ、まず驚いたのは公務員達が壁の存在を知らないことでした。地図を持参して『ここにこんな壁があるのだけど』という話をしても、誰も知らなくて、いろいろ駆けずりまわった後、古参の公務員が出てきて説明をしてくれました。壁を作った経緯の文書も残っておらず、かかわった公務員もとっくの昔に退職しているのでよく分からないみたいです。

　この壁については数年前に南行徳の市民から『撤去してほしい』との要請があり、浦安市に『撤去して道路をつなげたい』と申し込んだそうです。浦安市からは『壁を撤去して道路をつなげると、快速停車駅である浦安駅を利用する南行徳からの自動車、自転車が大量に入ってくることが予想され、交通渋滞が発生し、交通事故が増える可能性がある』ので断られたそうです」

169

市民Ａ「市川市はそれで引き下がったの？」

私「それで引き下がったそうです」

市民Ａ「でもそれっておかしくない。南行徳の市民に浦安駅を使わせない意地悪をされているようにしか思えないけどな。自分の家の前の道路が渋滞するのは嫌だから、進入口を塞いだままにしておいてくれって言ったら、そんなことが通用するんだ。浦安市の言い分聞き入れていいの？反論しないの？浦安市には南行徳の市民が浦安駅を利用することを妨げる権限があるんだ。浦安市のわがままでしかないよな。これから新しく道を造るって話ならまだわかる。収用もかかるし土地や家が奪われる可能性もあるからな。でも道はすでに存在していて、あとは邪魔な壁を取り払うだけだぞ」

私「浦安市の言い分を聞きに浦安市の道路課にも行ったのですが、壁があることを知っている公務員が、一人もいなかったことには呆れました。それ以上に話が進みませんでした」

市民Ａ「市川市も市川市だけど、浦安市も浦安市だな」

私「市川市と浦安市の市役所は連携がとれていません。国境じゃないんですよ、市境ですよ。ストレスなく行き来できるように市役所間で連携をとってくれないと、市民はたまったものでない、税金の無駄使いそのものですよ」

市民Ａ「行徳と浦安市が一緒な市になっていたら、こんな対応しないだろうな。同じ市内で壁を作って道路をふさぐなんてありえないよ。行徳と浦安市に分かれている弊害だよね」

私「現在この壁には市川市の標が立っており、維持費は市川市が負担

しています。業者が植物の剪定をするのですが、無料で剪定作業をしているはずはありません。市川市公園緑地課に問い合わせたところ、年間 120 万円、数年に一度のクスノキの剪定に 40 万円かかるそうです。市川市の税金でまかなわれています」

市民A「おいおい、トランプ大統領がメキシコとの国境の壁の費用をメキシコに負担させるようなものじゃねえか。浦安市が持つべき費用だろ。なんで市川市が負担するんだよ。市川市は壁を取り払いたい、って言ってるんだぜ。元々市川市が壁を造った理由は分からないけど、事情が変わって市川市は撤去したがってんだから、浦安市の事情で撤去できないのなら、浦安市が負担するのが筋だよな。市川市はバカじゃねえのか」

第10章

行徳が独立しなかった場合の予言

私「行徳が市川市から独立せず、現状のままでいくことを選択した場合、行徳の将来は100％の自信をもって予言ができますね。別に私が言わなくても行徳市民は分かっているだろうし、市川市役所も予言してくれていますが」

市民A「普通予言って不確実なものだと思うけど、市川市のままでいく行徳の将来像についてははっきり言い切れるよね」

私「市川市本土は既に財政赤字で地方交付税交付地域です。行徳は財政黒字を維持しても、周縁部ゆえ市川市本土よりも財政的に不公平な状態に置かれ続けることです。市川市本土偏重の予算配分を改善できず、待機児童問題だけでなく、高齢者施設問題が深刻化していくでしょう。街のインフラも老朽化が進み、独立していればとっくの昔に更新されているインフラを、危険と隣合わせの状態で使い続けていることでしょう」

市民A「崩壊の危険がある道路柵渠、下水道のようなインフラが行徳のいたるところで問題になっても、その補修がなされないでボロボロの状態になるまで使い続けているということだ」

私「行徳が受けている不公平の解消は、行徳市民が他人任せではなく腰を据えて粘り強く市川市と交渉していく覚悟を持ち、きちんと選挙に行き、自分たちの代表である行徳出身の市議会議員をせめて人口比以上確保し続けることが第一歩になります。
　　例え第一歩が実現できたとしても、市川市にのらりくらりとかわされ、気が付いたら5年10年経っていたけど、何も改善されておらず、行徳市民は我慢するしかない状態に陥っている可能性も十分あり得ます」

市民A「だったら独立した方がすっきりするし、時間も意外とかから

174

ない訳だ。市川市の枠をそのままにして、行徳市民がこれからは陳情を頑張る、って言っても理想論だよ。陳情って大変だし、政治力が弱ければ実現可能性も低いからな。

　市川市内部で話し合って予算配分を徐々に変えていけばいい、という意見もあるけど、組織の硬直性を知らない人の意見だよ。いったん出来上がっている組織を内から変える難しさは、組織に属したことがある人なら理解できるはずだ。

　住民属性やニーズが異なる地域が一緒になって、うまく折り合いをつけてやれるほど、人間の集団は簡単じゃない。甘く考えないほうがいい。しかも行徳は市川市の周縁部だ。人口が少ないマイノリティ集団だということも忘れてはいけない。行徳市民が自分たちの負担に見合う行政サービスを勝ち取ろうと、個別の案件でゲリラ戦を展開しても、住民の力を分散させるだけだし、市役所に持久戦に持ち込まれたら、余程の結束力、モチベーションがなければ住民運動の方から自壊してしまうからな」

私「市川市に期待を持つことはやめたほうがいいです。期待っていうのは、行徳市民のニーズをくみ取り、きちんと行政サービスに反映してくれるということです」

市民Ａ「白馬の王子じゃあるまいし、そんなこと期待できないよ。ましてや財政が悪化する将来においてはますます期待できない」

私「都市周縁部は悪意が働かなくても割り負ける構造になっています。行徳市民の活力はどんどん弱くなっています。合併後、行徳出身の市川市長はいませんし、ギネス級の低投票率、政治的発言力の弱さが定着しています。

　さらに行徳市民のつらいところは、浦安市と隣り合っていることです。葛南３町の合併から取り残された浦安市は単独で大発展を遂げ、とんでもない都市に成長しています。浦安市の将来は東京ディズニー

ランドがある限り、人口が少々減ったとしても安泰だと言えるでしょう。東京ディズニーランドがさらなる進化をしてアトラクションを追加していけば、自動的に固定資産税が増えていきます。そんな地域資源をもたない行徳との格差はますます拡大し、浦安市との市境は今以上に意識されるでしょう」

市民A「アメリカ・メキシコ国境、韓国・北朝鮮国境程大きな差が出るわけではないけど、行徳・浦安市境は大きな壁なんだよ。おまけに本当に壁があるし」

私「市川市のままだと、我々行徳市民は平常時よりも災害時に浦安市との格差を思い知ることになる、と述べてきました。行徳と浦安市は災害時に一蓮托生となる間柄です。ただ、防災、復興対策に格差があることを覚悟しておかなければなりません。行徳の災害リスクは高いので、行徳の防災・復興費は厚めに手当てしておかなければならないのですが、市川市のままでいると、そんな余裕はありません」

市民A「行徳市になると、少なくとも市川市よりかはいい防災・復興対策ができる。独立せずに市川市のままだと『ほーら言わんこっちゃない。独立しなかったから大変なことになったじゃない』というセリフを、言いきれるわけだ」

おわりに

　本書を一読していただきありがとうございました。

　行徳と浦安市は人口、年齢別人口構成、人口密度、都内勤務率等属性が似通っているにもかかわらず、行政サービスに大きな差があります。この差は東京ディズニーランドの固定資産税、法人市民税が主要因だと言える一方で、東京ディズニーランド要因を除くと、行徳と浦安市の納税力は同レベル、生産年齢人口数、同比率を考慮したら、行徳のほうが上回っているのではないか、という見方もできます。この見方がどれくらい正しいのか、を確かめたくて、行徳について詳細に調べてみることとしました。

　調査を進めていくと、財政的に豊かなはずなのに、行徳市民がその豊かさを享受できていないのは、行徳市民の納めた税金が市川市本土に相当流出しているからだ、という事実に気が付きました。

　そこで、行徳市民に対して行徳が財政上不公平に扱われている実態を示し、解消することを目指して、以前から行徳にあった「独立」をテーマとして取り上げてみることとしたのです。

　行徳の人口は 16 万人超と、市の規模としては十分な大きさで、地理、歴史、文化面だけでなく、財政、経済面でも独立の妥当性があることを示してきました。「行徳は市川市から独立することで、財政、経済面のデメリットが発生するのではないか」という漠然とした不安を持っている行徳市民もいらっしゃるかもしれませんが、「心配ない」と言い切れます。

　もちろん、独立すると、組織やシステム面でコスト増となる可能性はありますが、県内で一番高い公務員人件費を見直したりすることも可能になるので、十分吸収できると考えます。

　逆に、市川市にとどまり続けることは、財政上不公平な状態を受け入れ、我慢し続ける覚悟が求められます。

平成の大合併への不満が全国各地で起こっています。周縁部の怒り
で、独立運動になっているケースもあります。ただ、その独立運動は
地理、歴史、文化面に重きを置いたもので、独立後の財政、経済面で
不安があるため、広がりを欠いたものになっています。行徳独立は、
両面の裏付けがある非常に稀有な事例であることを、行徳市民は認識
する必要があります。

　世界に目をやるとカタルーニャ州をはじめ、負担ばかり大きくて受
益の少ない地域が、独立運動に立ち上がっています。自分たちの地域
の現在および将来のために、「自分たちが納めた税金を自分たちのた
めに使わせてほしい」という当たり前と言えば当たり前の主張をし始
めています。
　国家、自治体の均衡ある発展のために、底上げ目的で行う再分配機
能は必要です。しかしながら、ある程度底上げが実現したら、自分た
ち自身のためにサービスを受ける権利は、確保されるべきだと思いま
す。現在は、そのような流れを創り出すときに差し掛かっているので
はないでしょうか。

　行徳独立後は単独で行くのもいいのですが、「浦安市と合併するこ
とがより良い選択肢である」とも述べてきました。行徳・浦安合併は
行徳市民の意思だけでは足りず、浦安市民の意思も必要です。現状の
財政力を比較すると正直ハードルが高い気がします。
　しかしながら、行徳・浦安市で洪水・地震災害が予想されているこ
とを考えると、行政一体化は防災面から非常に有効なことです。災害
で多くの命が失われる前に、合併が実現することを期待します。また、
合併に至らなくても、行徳市と浦安市の強い連携で防災体制を構築し
ていけば、現状の市川市と浦安市の連携よりは、ずっと強い防災能力
を持ちうるものと期待できます。防災面から、少なくとも行徳の独立
は達成したいものです。
　将来、行徳と浦安市が合併するタイミングがいつ来るかは分かりま

せん。ただ、来た時に合併の最大の足かせになるのは、行徳が市川市の一部のままでいる、ということも述べてきました。タイムリーに合併ができるようにするために、行徳は市川市から離れておく準備を怠ってはいけません。

　人は自分が不公平に扱われていることに敏感にならなければいけません。そうでないと知らぬ間に権利が侵害されてしまいます。行徳市民は自分たちが不公平に扱われている事実を認識していません。気が付いていない、考える暇がない、と言った方が適切かもしれません。
　行徳市民は多忙な日々を送っています。朝早くから夜遅くまで都内で勤務し、行徳には睡眠に帰っているだけ、という生活を送っている市民も多いと思います。そんな忙しさゆえに、政治や行政に関心を持ちたい気持ちはあっても、なかなか時間を捻出できないのが実情ではないでしょうか。そんな市民のスキをついて、いつの間にか自分たちに対する不公平な扱いがまかり通っているのです。
　本書を読むことで、行徳市民が身近な政治や行政に関心を持ち、行徳の自治が少しでも改善することを期待しています。

　本書を読んだ市川市本土市民から、行徳独立に対して反対意見がでてくることが予想されます。ただ、行徳は負担だけ大きくて、行政サービスは抑えられ、不公平が常態化している事実は忘れないでいただきたいものです。不公平な扱いは、している側の感度は鈍いものです。力で抑え込むような行動にならないことを祈っています。

　行徳と市川市の合併は、『市川市の市川市による市川市のための合併』でした。合併後の歴史もいい歴史ではありませんでした。お隣の浦安市の発展ぶりを見せつけられると特にそう思います。
　行徳が活力を取り戻すには、市川市から独立し周縁部を脱するのが一番の特効薬になります。行徳が市川市本土に頼っていかなければならない周縁部なら諦めることもありえますが、独立すれば全国トップ

179

クラスの財政力になれるわけですから、このまま周縁部で居続けることはもったいないことだと思います。

　行徳は市川市に十分すぎるほど貢献してきました。もうそろそろ、行徳の祖先がなしえなかった独立、自治を取り戻し、行徳ファーストを行ってもいいのではないでしょうか。

参考文献

◆小室正紀編著
「地図に刻まれた歴史と景観　明治・大正・昭和　市川市・浦安市」新人物往来社 1992 年

◆市川市ホームページ
「市川市予算書・決算書」
http://www.city.ichikawa.lg.jp/catpage/cat_00000155.html
「各種選挙結果」
http://www.city.ichikawa.lg.jp/ele01/1541000004.html
「人口」
http://www.city.ichikawa.lg.jp/catpage/cat_00000159.html
「保育園」
http://www.city.ichikawa.lg.jp/catpage/cat_00000512.html

◆浦安市ホームページ
「浦安市予算書・決算書」
http://www.city.urayasu.lg.jp/shisei/zaisei/yosan/index.html
「各種選挙結果」
http://www.city.urayasu.lg.jp/shisei/senkyo/kekka/index.html
「人口」
http://www.city.urayasu.lg.jp/shisei/toukei/jinko/index.html

◆松戸市ホームページ
「松戸市予算書・決算書」
https://www.city.matsudo.chiba.jp/shisei/zai-yosan-kessan/yosan.html
「過去の投票結果」
https://www.city.matsudo.chiba.jp/shisei/senkyo/kekka/index.html

「人口」
https://www.city.matsudo.chiba.jp/profile/jinkoutoukei/jinkou/index.html

◆船橋市ホームページ
「船橋市予算書・決算書」
http://www.city.funabashi.lg.jp/shisei/zaisei/index.html
「選挙結果」
http://www.city.funabashi.lg.jp/shisei/senkyo/007/index.html
「人口」
http://www.city.funabashi.lg.jp/shisei/toukei/003/index.html

◆千代田区ホームページ
「千代田区予算書・決算書」
http://www.city.chiyoda.lg.jp/koho/kuse/zaise/index.html

◆武蔵野市ホームページ
「人口」
http://www.city.musashino.lg.jp/shisei_joho/musashino_profile/shiseitokei/1018064/1018066.html

著者紹介
行徳太郎
1967年生まれ
2001年より行徳地域に居住開始
現在経営コンサルタント、1級ファイナンシャル・プランニング技能士として、主に千葉県、東京都で中小企業向けコンサルティングに携わっている

行徳独立
2019年2月28日　初版　第一刷発行

著者	行徳　太郎
発行者	谷村　勇輔
発行所	ブイツーソリューション
	〒466-0848 名古屋市昭和区長戸町 4-40
	電話　　052-799-7391
	ＦＡＸ　052-799-7984
発売元	星雲社
	〒112-0005 東京都文京区水道 1-3-30
	電話　　03-3868-3275
	ＦＡＸ　03-3868-6588
印刷所	富士リプロ

万一、落丁乱丁のある場合は送料当社負担でお取替えいたします。
小社宛にお送りください。
定価はカバーに表示してあります。

©Gyotoku Taro 2019 Printed in Japan　ISBN 978-4-434-25679-0